心理学のための
Essential English Expressions for Writing Psychology Articles
英語論文の基本表現

高橋雅治　Takahashi Masaharu
デイビッド・シュワーブ　David W. Shwalb
バーバラ・シュワーブ　Barbara J. Shwalb
著

朝倉書店

まえがき

　30年ほど前，初めて英語論文の執筆に取り組み始めた頃に，心理学の英語例文集を探し回ったことがあった．結局，心理学はおろか，行動科学や社会科学の例文集さえ見つけることができなかった．その一方で，生物学や化学などの分野では，論文作成を支援する例文集や参考書がたくさん用意されていることに気がついた．これでは，心理学や行動科学を専攻する院生の負担が大きすぎるのではないか．いつか，この分野で例文集を出版したい．それが，英語論文を一度も出版していない院生が当時描いた夢であった．

　それから10年以上たってから，発達心理学の第一線で活躍する研究者であり，日本の心理学誌で英語原稿の校閲を長い間担当しているアメリカ人のシュワーブ夫妻と共著で，英語論文の執筆を支援する本（『初めての心理学英語論文』，『心理学者のためのネットスキルガイドブック』，ともに北大路書房）を出版することになった．これらの本の執筆と翻訳を通して，夫妻との間に強い信頼関係を築くことができた．英語の細かなニュアンスについてメールで問い合わせると即座に返信が返ってくる，そのような知己を持つことができたのである．

　このような経緯から，例文集出版の機は熟したと思うようになり，この数年間，例文集の出版についてシュワーブ夫妻と打ち合わせを重ねてきた．試行錯誤の末，最終的には，まず，私が収集する例文の種類を指定し，次に，シュワーブ夫妻が質の高い例文を選定し，さらに，それらの例文を私が翻訳して整理するという方法論を確立するに至った．例文を抽出する雑誌や論文の選定は，シュワーブ夫妻が担当し，最終的には，論文の執筆を得手とする心理学者がトップクラスのジャーナルに掲載した64篇の論文を出典として用いることになった．

　さらに，例文の品質を判断する基準について議論を重ねるうちに，読者に最も注意を向けて欲しいのは，例文そのものではなく，例文に内包されている文章のパターンであることに気がついた．そこで，本書では，例文と文章のパターンを常に並べて表示することにした．執筆の初心者が本書を使って論文を執筆する場合には，先ず，自分の研究内容をまとめる際に使えそうなパターンを

見つけ出し，次に，そのパターンに併記されている例文をじっくりと読んでパターンの運用方法をしっかりと身につけてから，自分なりの文章を丹念に組み立ててほしい．これにより，論文執筆の効率は大幅に改善されるに違いない．また，すでに経験を積んでいる研究者であれば，本書を通読して気に入った例文を英語表現のレパートリーに追加するという使い方もできるだろう．さらに，論文の執筆を支援する講義において，文章パターンを利用した作文を学生に行わせるためのテキストとして本書を用いることも可能であろう．

例文集を作る作業を実際に開始してみて，その作業量の膨大さに驚いた．英語論文の執筆を支援するためには当初に考えていた以上の例文数が必要であり，最終的には1200以上もの例文を集めることになった．本書では，それらの中から選りすぐった質の高い410の例文を収録した（今回集めた例文の全てを収録した例文集を後日出版する予定である）．この膨大な作業を後押ししてくれたのは，執筆中に論文執筆法の講義などで接した若い研究者たちの熱意であった．本書が，次世代を担う研究者に少しでも役に立ってくれることを心から願っている．

例文の翻訳と整理に追われている間に，子供の頃に落ち葉を集める理科の宿題を父が手伝ってくれたことをふと思い出した．小学校に入学したばかりの息子がいろいろな落ち葉を熱心に集めていることを知った父は，遠くの大きな公園まで息子を連れていき，珍しい落ち葉を集めるのを長い間手伝ってくれた．翌日，私は大きなビニール袋を持って登校した．父は高度成長期の多忙な会社員であったにもかかわらず，息子の科学好きをいつも応援してくれた．私たちも，本書の著者として，若い研究者たちが英語論文の出版にチャレンジすることを，いつまでも応援したいと思う．本書を，仙台在住の父平治に捧げる．

2013年2月21日
　深雪に覆われた白銀の上川盆地を眺めつつ

高 橋 雅 治

わたしたちが日本人の心理学者の仕事を手伝い始めたのは1970年代のことであり，指導者であり友人でもある広島大学の祐宗省三元教授により，日米の心理学者の架け橋となるように示唆していただいたのがその始まりであった．1977年の当時，祐宗先生は，APAの雑誌の中で最もよく読まれている，かの有名な*American Psychologist*に，日本人を第一著者として初めて掲載された，「日本における社会的学習の研究（Studies of Social Learning in Japan）」という論文（Sukemune, Haruki, & Kashiwagi, 1977）を私たちに見せてくれた．ここで祐宗先生に触れたのは，彼がモデリング（手本による学習）の概念を英語論文の中で用いているのみならず，彼自身が学生に対する教授及び指導者としての役割においてモデリングの概念を体現していたからである．祐宗先生のことを思い出すたびに，良き手本となる人の重要性が思い起こされる．本書の目的は，真似ることができる，そして，拡張することができる，英語表現の良き手本を読者に提供することである．

本書に着手した頃の最初の心配は，英文執筆の初心者がこれらの手本を使うのは難しいのではないか，ということであった．というのも，英語の文章を真似たり記憶したりすることは，単語自体を真似たり記憶したりすることよりも，はるかに難しいからである．手本となるべき例文を集めて最初にできあがったのは，高橋先生の言葉を借りれば，ただの見本のコレクションにすぎなかった．そこで，実際の例文だけではなく，そこに含まれる文章のパターンにも注意を向けてもらいたいと考えるようになり，ネイティブが読んだときに，正確で，自然で，明瞭であると感じる質の高い文章パターンもあわせて提示することにした．

この本に掲載した例文とパターンは，心理学の様々な下位領域から抽出されている．だが，重要なのは，例文が取り扱っているトピック自体ではなく，領域を超えて使うことのできる文章構造のパターンである．もちろん，本書には，執筆に必要とされる全ての例文が掲載されているわけではない．だが，質の高いパターンを数多く集めれば，必ずや執筆の大きな助けとなるに違いない．

この本は，論文を書くときに特定の表現を探すための辞書として使うことができる．だが，まずは，この本全体に目を通すことを勧める．それにより，執筆に先立って，有用なパターンの学習を開始することができる．この本の文章パターンを毎日1個ずつ記憶し，週末にそれらを復習することで，全ての文章パターンを身につけてしまうこともできるであろう．あるいは，自分の研究で

使えそうなパターンを抽出し，内容メモの適切な場所に書き込んでおく，という方法もあるだろう．後で初稿を書くときは，それらの間を埋めるように執筆を進めてゆけばよい．

他書でも述べたように，わたしたちは，35年以上にわたり，日本人の学生や教授の書いた心理学の英語論文や英語要約を校閲し，また，東 洋先生からのご依頼により「発達心理学研究」において，および，故庄司順一先生からのご依頼により「子供の虐待とネグレクト」において，英語要約の校閲を担当してきた．それらの経験を通して，個々の研究者は（自分を含めて），長所，短所，習慣，犯しやすい誤り，及び，過剰に使う表現を持っていることに気がついた．また，日本人の心理学者は，同じような誤りを犯す傾向があることも次第にわかってきた．日本人の心理学者たちがこの本の例文を習得することにより，彼らの著作の質が集団として向上することを期待している．加えて，この本が，各人の書く能力を向上させることに寄与し，いつの日かあなた自身が英語による著述の良き手本となることを心から願っている．

この本を，親愛なる友人であり，長きにわたり支えてくれた故庄司順一先生と故山田和子様に捧げる．

2013年3月22日
　南ユタの冠雪した赤色岩の山々を窓から眺めつつ

　　　　　デイビッド・シュワーブ & バーバラ・シュワーブ

引用文献

Sukemune, S., Haruki, Y., & Kashiwagi, K. (1977). Studies on social learning in Japan. *American Psychologist, 32,* 924-933.

目　　次

1. 心理学英語論文の執筆法 ——————————————— *1*
　1.1　本章の目的　*1*
　1.2　心理学論文を構成する英語の特徴　*1*
　1.3　一 般 英 語　*4*
　1.4　科学英語（心理学英語）　*5*
　1.5　専 門 用 語　*6*
　1.6　剽窃について　*7*
　　　1.6.1　剽窃とは何か　*8*／1.6.2　剽窃を回避するためのヒント　*8*
　1.7　APAスタイルの概要　*10*
　　　1.7.1　書式　*10*／1.7.2　原稿の構成　*11*／1.7.3　APAマニュアルの利用　*12*
　1.8　本書の構成と使い方　*13*
　　　1.8.1　目次と索引　*13*／1.8.2　文章のパターン　*13*／1.8.3　例文の一部改変　*14*／1.8.4　各章のポイントとコラム　*14*
　1.9　おわりに　*15*

2. 著者注　Author Note ——————————————— *18*
　2.1　研究実施時の所属　*19*
　2.2　所属の変更　*20*
　2.3　謝　　　辞　*20*
　　　2.3.1　研究費　*20*／2.3.2　研究協力　*20*／2.3.3　コメント　*21*／2.3.4　技術的支援　*21*
　2.4　特 記 事 項　*21*
　　　2.4.1　博士論文　*21*／2.4.2　学会発表　*21*
　2.5　連 絡 先　*22*

3. 要　約　Abstract ——————————————— *26*
　3.1　背景の説明　*27*
　3.2　目　　　的　*27*

3.3 方　　　法　28

3.4 結　　　果　28

 3.4.1 結果をまとめて述べる　28　／　3.4.2 結果を意味とともに述べる　29　／　3.4.3 複数研究の結果を述べる　29

3.5 考　　　察　30

 3.5.1 意味を述べる　30　／　3.5.2 予測との一致を述べる　30　／　3.5.3 意味の議論を簡潔に要約する　30

4. 序　文 Introduction ─────────────── 33

4.1 研 究 背 景　34

 4.1.1 研究の動向　34　／　4.1.2 概念の定義　35　／　4.1.3 パラダイム・測度・手法の紹介　36　／　4.1.4 独立変数と従属変数　38

4.2 先行研究の知見　39

 4.2.1 単独の知見　39　／　4.2.2 一貫した知見　40　／　4.2.3 知見の具体的内容　41　／　4.2.4 研究グループによる知見　42　／　4.2.5 追加的な知見　43　／　4.2.6 矛盾した知見　43　／　4.2.7 初期の知見　44　／　4.2.8 逸話・事例研究による知見　44

4.3 先行研究の意味　45

 4.3.1 意味　45　／　4.3.2 予測の支持　45　／　4.3.3 解釈　46　／　4.3.4 結論　46

4.4 理論・モデル・仮説　46

 4.4.1 理論の紹介　46　／　4.4.2 モデルの紹介　47　／　4.4.3 仮説の紹介　48　／　4.4.4 仮定　48　／　4.4.5 予測　49　／　4.4.6 等式　49

4.5 主題の導入　49

 4.5.1 主題の内容　49　／　4.5.2 先行研究による問題の重要性の指摘　50　／　4.5.3 数値データに基づく重要性の指摘　52　／　4.5.4 障害の困難さに基づく重要性の強調　52

4.6 先行研究の問題点　52

 4.6.1 先行研究が少ない　52　／　4.6.2 追跡調査が必要である　54　／　4.6.3 先行研究の矛盾　54　／　4.6.4 先行研究の弱点　55

4.7 研究の必要性　56

4.8 目　　　的　56

 4.8.1 目的の内容　56　／　4.8.2 目的とその価値　58　／　4.8.3 関心　59　／　4.8.4 一連実験の目的　59　／　4.8.5 仮説　60　／　4.8.6 先行研究をヒントにした　60

4.9 内容の予告と説明　61

 4.9.1 研究内容　61　／　4.9.2 計画の根拠　62

5. 方　法　Method ——————————————————— 66

5.1　参　加　者　*67*

5.1.1　学生の参加者　*67*／5.1.2　社会人の参加者　*69*／5.1.3　参加者の年齢や性別　*69*／5.1.4　参加者の教育歴や収入　*70*／5.1.5　参加者の人種　*71*／5.1.6　参加者の人口統計学的情報の収集　*71*／5.1.7　募集方法　*72*／5.1.8　参加者への報酬　*72*／5.1.9　参加者の参加資格や除外　*73*／5.1.10　より大きいサンプルとの関係　*74*／5.1.11　参加者のグループ分け　*74*／5.1.12　参加者の匿名性と機密性　*74*／5.1.13　事例研究の参加者　*75*／5.1.14　被験体（動物）　*75*

5.2　装　　　置　*76*

5.2.1　実験装置　*76*／5.2.2　コンピュータ　*77*

5.3　材料・刺激・薬品　*77*

5.3.1　材料　*77*／5.3.2　刺激　*78*／5.3.3　薬品　*79*／5.3.4　課題　*79*

5.4　教　　　示　*80*

5.4.1　教示の内容　*80*／5.4.2　教示の操作　*80*／5.4.3　教示の呈示法　*81*

5.5　場　　　所　*81*

5.6　デ　ー　タ　*81*

5.6.1　反応　*81*／5.6.2　観察・報告　*82*

5.7　心　理　検　査　*82*

5.7.1　内容・目的　*82*／5.7.2　リッカート法　*84*／5.7.3　標準化・下位尺度・複合尺度　*85*／5.7.4　逆転項目　*86*／5.7.5　試行後質問紙　*86*／5.7.6　具体的な質問項目　*87*／5.7.7　テストバッテリー　*87*／5.7.8　時間・方法　*87*／5.7.9　妥当性と信頼性　*88*

5.8　研究デザイン　*89*

5.8.1　独立変数と従属変数　*89*／5.8.2　条件の設定　*89*／5.8.3　ブロックデザイン　*90*／5.8.4　2要因のデザイン　*90*／5.8.5　条件への割り当て　*91*／5.8.6　被験者のマッチング　*91*

5.9　具体的な手続き　*92*

5.9.1　先行研究の手続きの利用　*92*／5.9.2　研究の実施者　*92*／5.9.3　キー押し　*92*／5.9.4　事後テスト　*92*／5.9.5　小論を書かせる手続き　*93*／5.9.6　内容分析　*93*／5.9.7　得点　*93*／5.9.8　基準の達成　*94*／5.9.9　参加者の分類　*94*／5.9.10　ディブリーフィング（研究内容の説明）　*94*

5.10　試行・ブロック・セッション　*95*

5.10.1　試行　*95*／5.10.2　ブロック　*95*／5.10.3　セッション　*96*／5.10.4　順序の無作為化　*96*／5.10.5　カウンターバランス　*97*／5.10.6　実験や研究の長さ　*97*

5.11　予備的研究　*98*

5.12　観察者による符号化　*98*

5.12.1 符号化 *98* ／ 5.12.2 信頼性のチェック *98* ／ 5.12.3 観察者間の一致度 *99*

5.13 操作チェック *99*

5.14 インタビュー *99*

5.15 ウェブ調査 *100*

5.16 動物学習 *100*

5.16.1 倫理的ガイドラインの遵守 *100* ／ 5.16.2 訓練手続き *101* ／ 5.16.3 試行とセッション *102*

5.17 薬物・神経科学 *102*

5.18 データの欠損 *103*

5.19 統　　計 *103*

5.19.1 記述統計 *103* ／ 5.19.2 t検定 *103* ／ 5.19.3 相関と回帰 *104* ／ 5.19.4 分散分析 *104*

5.20 メタ分析 *104*

5.20.1 文献検索とデータの抽出 *104* ／ 5.20.2 統計量の計算 *105*

5.21 統計ソフトウェア *105*

6. 結　果 Results ——————————————————— *109*

6.1 参　加　者 *110*

6.1.1 参加者の動向 *110* ／ 6.1.2 参加者の反応の割合 *111*

6.2 基本的な結果 *112*

6.2.1 データの計算法 *112* ／ 6.2.2 外れ値 *112* ／ 6.2.3 データの分割 *112* ／ 6.2.4 基本的なデータの記述 *113* ／ 6.2.5 操作チェック *114*

6.3 統計的解析 *114*

6.3.1 カイ二乗検定 *114* ／ 6.3.2 t検定 *115* ／ 6.3.3 その他の検定 *116* ／ 6.3.4 有意差の有無 *116* ／ 6.3.5 有意差傾向（$p<.10$）*117* ／ 6.3.6 分散分析の実施 *118* ／ 6.3.7 分散分析の結果 *119* ／ 6.3.8 因子分析 *122* ／ 6.3.9 確証的因子分析 *123* ／ 6.3.10 構造方程式モデリング *123* ／ 6.3.11 主成分分析 *124* ／ 6.3.12 単回帰分析 *125* ／ 6.3.13 重回帰分析 *125* ／ 6.3.14 階層的重回帰分析 *126* ／ 6.3.15 階層的ロジスティック回帰分析 *127* ／ 6.3.16 媒介分析 *127* ／ 6.3.17 相関と偏相関 *128* ／ 6.3.18 変数の制御 *129* ／ 6.3.19 成長曲線モデル *129* ／ 6.3.20 メタ分析と効果量 *130*

6.4 表への言及 *130*

6.5 図への言及 *131*

6.6 図表から示された結果 *132*

7. 考　察 Discussion —————————————— *136*

7.1 目的・仮説・内容の再確認　*137*
7.1.1 目的の再確認　*137*／7.1.2 仮説の再確認　*138*／7.1.3 内容の再確認　*138*

7.2 知見の再確認　*138*
7.2.1 主な知見　*138*／7.2.2 重要な知見　*139*

7.3 先行研究への言及　*140*
7.3.1 先行研究の要約　*140*／7.3.2 先行研究の矛盾　*140*

7.4 仮説や予測との一致と不一致　*141*
7.4.1 仮説や予測との一致　*141*／7.4.2 仮説や予測との不一致　*142*

7.5 先行研究との一致と不一致　*142*
7.5.1 先行研究との一致　*142*／7.5.2 先行研究の再現　*143*／7.5.3 先行研究の拡張　*143*／7.5.4 先行研究との不一致　*144*

7.6 知見の意味　*144*
7.6.1 示唆　*144*／7.6.2 論理的・実践的な帰結　*145*

7.7 知見の説明・原因・理由　*146*
7.7.1 説明　*146*／7.7.2 原因・理由　*148*／7.7.3 推論　*149*

7.8 知見の重要性と貢献　*150*
7.8.1 重要性　*150*／7.8.2 貢献　*150*

7.9 限界・長所と短所　*151*
7.9.1 限界　*151*／7.9.2 長所と短所　*152*

7.10 今後の展開の可能性　*152*
7.10.1 追試の必要性　*152*／7.10.2 今後取り組むべき問題　*153*／7.10.3 よりよい方法論の示唆　*154*／7.10.4 将来の研究のメリット　*154*

7.11 要約と結論　*155*
7.11.1 全体的な要約　*155*／7.11.2 知見についての結論　*155*／7.11.3 仮説・理論についての結論　*156*／7.11.4 意義についての結論　*156*

8. 表 Table —————————————— *159*

8.1 表の題名　*161*

8.2 一般注　*161*
8.2.1 データについての一般注　*161*／8.2.2 記号，略語についての一般注　*162*／8.2.3 データの見方についての一般注　*162*

8.3 特定注と確率注　*162*

8.3.1　一部のデータについての特定注　*162* ／ 8.3.2　有意水準を示す確率注　*162*

9. 図 Figure ────────────────────────── *166*
9.1　図 の 題 名　*168*
9.2　パネルの説明　*169*
9.3　縦軸と横軸，凡例，略語などの説明　*169*

引用文献 ─────────────────────────────── *174*
索　引 ──────────────────────────────── *179*

Column 1　要約の内容は，論文のタイプによって異なる　*16*
Column 2　見出しの書式　*23*
Column 3　数と数詞の使い方　*31*
Column 4　本文中における文献引用の書式　*63*
Column 5　引用文献リストの書式　*106*
Column 6　日本人の書いた論文における共通の誤り　*132*
Column 7　オンライン・データベース登録のために何が必要か？　*157*
Column 8　心理学の語彙を充実させる　*164*
Column 9　英語論文出版へのチャレンジ Q&A　*171*

1.1 本章の目的

　本書は，心理学の英語論文で実際に使われている質の高い英語表現を集めた例文集である．対象とする読者は，英語論文の執筆に初めて取り組む心理学や行動科学専攻の学部生，大学院生，および，若手研究者であり，個人で執筆する際の参考書や，論文執筆を支援する授業の教科書を想定して構成されている．
　収録した例文は，どれも英語を母国語とする心理学者により丹念に選ばれたものばかりであり，すでに出版経験のある研究者にとっても有用なものであると自負している．読者の方々がすでに英語論文を出版した経験を有している場合は，この章をスキップして実践的に使い始めてほしい．
　一方，英語論文を出版した経験がない初心者が本書を使用する場合には，実際の執筆に取りかかる前に，心理学英語論文の執筆に必要とされる基本的な知識と技能を身につけておく必要がある．本章では，心理学英語論文を執筆するために初心者が身につけておくべき知識と技能，行動科学や社会科学分野の研究誌において広く採用されているAPAスタイル（APA style）の概要，および，本書の構成と使い方について解説する．

1.2 心理学論文を構成する英語の特徴

　はじめに，心理学論文で用いられる英語の特徴を，理系の英語論文と比較しながら解説する．雑駁にいってしまえば，理系の論文の主な構成内容は，ほとんどの場合，それぞれの研究分野に特有の実験（experiment）やデータ解析（data analysis）の記述である．そのため，理系の論文の大部分は，科学分野で共通に用いられる科学英語と，細分化された専門分野内で使われる特殊な専門

用語で構成されている．

　これは，心理学論文についても同様である．心理学の論文でも，科学英語や専門用語を用いた表現が，論文のかなりの部分を占めている．だが，心理学の英語論文をより詳しく見ると，科学英語や専門用語に加えて，日常生活で広く使われている一般的な英語もまた多用されていることがわかる．心理学という学問が我々の日常的な心理・行動を研究の対象としていることを考えると，これは当然のことである．たとえば，参加者（participant）が実験室で誰かに会い，言語的な教示（instruction）を読み，与えられた選択肢のひとつを選ぶ，という一連の行動が研究対象である場合，その報告論文では，会う（meet），読む（read），選ぶ（choose）などのような，ごく一般的な英語表現も使用することになる．したがって，心理学分野の英語論文を執筆するためには，科学英語や専門用語に加えて，いわゆる一般英語もまた適切に使いこなす能力を身につけなければならない．

　心理学論文のこのような特徴を踏まえて，本書では，心理学の英語論文で使われる英語を，以下の3種類に分けて概説することにする．

（1）一般英語（general English）
（2）科学英語（scientific English）
（3）専門用語（technical term）

　まず，(1) 一般英語とは，新聞記事や小説などで広く使われ，大多数の人々が理解することのできる英語である．先に述べたように，これらの英語が理系の論文で使われることは少ない．だが，心理学論文では，心理行動についての研究を適切に報告するために，一般英語を正確に運用する能力を身につけておかなければならない．

　一方，(2) 科学英語とは，科学研究において，調査・実験の実施やデータの分析などを述べるために使われる英語である．たとえば，研究デザイン（experimental design），実験手続き（procedure），あるいは，統計的分析（statistical analysis）などで使われる英語がこれに相当する．科学英語の多くは，多様な研究分野を越えて共通に使われる．もちろん，それぞれの学問分野にはそれぞれ特有の研究手法が存在する．そのため，それぞれの研究分野に特有の科学英語というものが存在すると考えることもできる．たとえば，心理学研究では，心理テスト（psychological test）が度々用いられる．そのため，大多数の心理学者は，心理テストを説明するための英語表現を上手に使いこなす

ことができる．だが，他の分野の科学者にとって，そのような英語表現を的確に使いこなすことは，さほど容易ではないだろう．このことは，科学英語の中に数多くの下位分類があることを示唆している．つまり，科学英語といっても，実際には，物理学英語，化学英語，心理学英語などのように，それぞれの分野の研究者が共通して覚えるべき英語表現があるともいえるのである．しかし，ここでは，説明の簡明さのために，それらの下位分類を科学英語というひとつの範疇に含めて解説することにする．

　心理学の英語論文の執筆では，(1) 一般英語と (2) 科学英語に加えて，より細分化された専門領域の中でしか理解されないような，極めて特殊な用語を使いこなさなければならないような場面に遭遇することがある．たとえば，オペラント研究で使われる「強化スケジュール (schedule of reinforcement)」や，認知神経科学研究で使われる「血行動態反応 (hemodynamic responses)」などの用語がこれに相当する．ここでは，このように細分化された特定の専門分野内でのみ使用されるような用語を (3) 専門用語と呼ぶことにする．

　心理学論文を執筆するためには，これら3種類の英語を適切に使いこなす技能を身につけなければならない．このことを，以下の表1.1にまとめて示す．

表1.1

英語の種類	特徴	例	執筆法
(1) 一般英語 (general English)	日常生活で使われる英語	He chose quality of life over personal advancement. 立身出世よりも実のある生活を望んだ（新編英語活用辞典，研究社より）	例文の多い活用・語法・英英辞典の使用
(2) 科学英語 (scientific English) 下位分類：物理学英語，心理学英語など	科学論文で共通して使われる英語	One-way ANOVA revealed significant group differences in performance. 1要因の分散分析の結果，成績に有意な群間差が見られた．	論文執筆を支援する講義や科学英語の参考書・例文集の使用
(3) 専門用語 (technical term)	専門領域内で使われる英語	The study used near-infrared spectroscopy (NIRS) to investigate hemodynamic responses in the frontal area. この研究は，前頭領域の血行動態反応を調べるために近赤外線分光法を用いた．	先行論文の電子的検索による徹底的例文参照法

　以下では，これらの英語表現に適した執筆法について説明する．

1.3 一般英語

　先にも述べたように，心理学論文の執筆では，一般英語を使った表現を的確に使う必要がある場面にしばしば遭遇する．たとえば，経済心理学の論文で，次の文章を英語で書く場合を考えてみよう．

> 「セルフ・コントロール（self-control）は，遅延されない小さな報酬よりも遅延される大きな報酬を選択することとして，操作的に定義される．」

　英語論文の執筆では，「どんなに簡単な表現であっても常にネイティブの書いた例文を参照しながら書く」という方法が最も有効である．私は，これを，「徹底的例文参照法」と呼んでいる．

　上記の文章についても，ネイティブの書いた例文を徹底的に参照しながら書くのがよい．幸い，そのような例文は，活用辞典，語法辞典，英英辞典などに数多く掲載されている．したがって，以下のような例文の多い辞典をうまく使いこなす習慣を日頃から身につけておく必要がある．

- 新編英和活用大辞典（研究社）
- 研究社 新和英大辞典（研究社）
- 医学英語実用語法辞典（テクノクラフト）
- Longman Dictionary of Contemporary English
- Collins COBUILD Advanced Learners' English Dictionary
- Oxford English Dictionary

　たとえば，先の例文で，「定義する define」という表現を新編英和活用大辞典で引くと，以下のような例文を見つけることができる．

> Not everyone who looks fat is clinically defined as obese.
> 外見が太っている人が全員臨床的に肥満と定義されるわけではない．
> 　　　　　　　　　　　　　　　　　　（新編英和活用大辞典より）

　類似の表現は，他の辞典にも数多く掲載されている．それらの例文をひとつひとつ丹念に参照すれば，「Xと定義される」と表現するためには「be defined as X」という表現パターンが適切であることがわかる．

さらに，「選ぶ choose」や「選択 choice」という表現を同様の辞典で調べると，たとえば次のような例文に遭遇することができる．

> He chose going to court over a monetary settlement.
> 彼は，金銭による示談よりも裁判を選んだ．
>
> （新編英和活用大辞典より）

何冊かの辞典を用意してあれば，これ以外にも，choose や choice について数多くの例文を見つけることができる．それらの例文を参照すれば，ここでは「choose X over Y（Y よりも X を選ぶ）」や「a choice of X over Y（Y よりも X を選ぶこと）」というパターンを用いることが適切であることがわかる．

以上の作業から，最終的には，次のような文章を生成することができるだろう．

> Self-control is operationally defined as a choice of a larger, more delayed reinforcer over a smaller, less delayed reinforcer.

このように，一般英語を適切に用いるためには，一般英語の例文を数多く含む辞典を用意し，それらの辞典に掲載されている例文を参考にしながら文章を丹念に組み立てる技能を身につければよい．

1.4 科学英語（心理学英語）

残念ながら，前述の活用辞典，語法辞典，英英辞典などには，科学英語の執筆に役立つ例文がほとんど掲載されていない．そのため，これらの英語表現を使いこなすためには，科学英語の参考書や例文集，さらには，論文執筆を支援する講義などに頼ることになる．

幸い，科学英語の例文を含む参考書として，現在，数多くの本が出版されている．私も何冊かの参考書や例文集をよく利用する．

- 『英語で書く科学・技術論文』谷口滋次ら著　東京化学同人　1995 年
- 『実用的な英語科学論文の作成法』川本修・C. アレクサンダー Jr. 著　朝倉書店　2004 年
- 『理科系のためのかならず書ける英語論文』藤野輝雄著　研究社　2006 年
- 『英語論文　すぐに使える表現集』小田真理子・味園真紀著　ベレ出版

1999 年

　これらの参考書や例文集に掲載されている有用な例文を丹念に参照しながら科学英語を執筆する技能を日頃から身につけておけば，実際の執筆において，科学英語を正確に使用することができる．

　一方，科学英語の下位範疇である心理学英語についても，やはり市販の辞典には例文が掲載されていない．そのため，本書のような例文集や論文執筆を支援する講義などを利用して，その使い方をひとつひとつ身につけてゆかなければならない．日本の大学院で，論文執筆の授業がどの程度行われているかについては寡聞にして知らない．だが，私の所属している医学系の大学院では，英語論文執筆を支援するための講義が行われている（そこでは本書の例文も使われている）．今後予想される心理学研究のグローバル化を考えると，心理学専攻の大学院においてもそのような支援が広まってゆくことが期待される．

1.5　専門用語

　他の学問分野と同様に，心理学論文においても，一般英語や科学英語のみならず，細分化された専門的な研究分野内で用いられる専門用語が用いられる．そのような専門用語は，英語のネイティブである心理学者であっても，研究テーマが異なればその使い方を誤るかもしれない．ここでは，そのような専門用語を上手に使いこなす技能について紹介する．

　他書でも何度か紹介したが，私は，そのような専門用語を的確に使いこなす方法として，「電子的検索を用いた徹底的例文参照法」を日頃から推奨している．その方法は，以下の通りである．

　まず，自分の研究している研究テーマについての先行論文をできるだけ多く集める．集める論文は，その内容が執筆中の論文と類似しているほどよい．論文の保存形式は，本書を執筆している 2013 年の時点では，テキスト情報の形式で保存された pdf 形式に統一するのが最も簡便な方法である．心理学の古い論文の中には，画像情報の形式で保存された pdf 形式でしか入手できないものもある．その場合は，アドビの Acrobat Pro を購入して，その中のコマンドのひとつである OCR 機能により，画像情報をテキスト情報に変換しておく．また，ワープロ・ファイル形式で先行論文を入手した場合も，pdf 形式に変換しておかなければならない．ある程度の数の先行論文が集まったら，それらのファイ

ルを特定のフォルダに入れておく．

　論文執筆中に，細分化された専門分野内の一部の心理学者にしかわからないような専門用語を使う必要が生じたら，Acrobat Pro や Adobe Reader の検索コマンド（注：簡易検索コマンドではない）を使って，その用語を使った質の高い例文を，集めた先行論文の中から検索する．具体的には，先ほどの先行論文を入れたフォルダを検索先として指定し，その専門用語を使用している例文の検索を行うのである．その結果，その用語を使った先行研究内の例文を次々に画面に表示させることができる．

　たとえば，私の最近の研究では，近赤外線分光法を用いた脳の血行動態（hemodynamic）を分析するという手法を用いる．この場合の血行動態（hemodynamic）という専門用語の使いかたは，前述の各種辞典などはもちろん，科学英語の参考書や例文集にもほとんど掲載されていない．

　そこで，前述の Adobe Reader の検索コマンドを用いて，これまでに集めた先行研究を入れた自分のフォルダの中から，この単語を使用している例文を検索した．その結果，画面には，hemodynamic という単語を用いた例文がなんと400 以上表示された．その一部を以下に示す．

> 1) ... examined hemodynamic changes in this cortical area ...
> 2) ... the effects of the number of task repetitions on hemodynamic responses ...
> 3) Hemodynamic response in the prefrontal cortex was measured ...

　これらの例文をひとつひとつ読んで，この専門用語の使い方を十分に身につけてから丹念に執筆を行えば，この専門用語を的確に使用した原稿を書くことができる．この方法はきわめて強力であり，初心者の方々には是非とも活用することを勧める．

1.6 剽窃について

　これまで繰り返し述べてきたように，ネイティブの書いた例文を参照しながら英語論文を書くという方法は，英語論文の初心者にとって，とても有用な方法である．だが，例文を参照しながら論文を執筆する場合には，自分の書いた原稿が他者の書いた原稿の剽窃（plagiarism）にならないように，常に注意しな

ければならない．以下では，論文執筆の初心者が剽窃を回避するための方法について解説する．

1.6.1 剽窃とは何か

そもそも剽窃とは，他者の言葉や考えを自分のものとして主張することである（APAマニュアル日本語版の8-9ページ，および，182ページを参照）．言い換えれば，他人の業績を自分のものとしてはならない，ということである．困ったことに，第二言語教育の分野では，日本人は概して剽窃に対する認識が低いという見方が広まっている（たとえば，Dryden, 1999）．しかも，そのことを，日本の共同体の中ではプライバシーや個人の功績などの私的な事柄が二の次に扱われるという日本人の文化的な性質（土居，1971）に結びつけて論じるようなアイデアが広く流布しているようである（これらの評論についてはWheeler, 2009を参照）．一方，これとは反対に，日本人が剽窃に対して一見鈍感に見えるのは，単に学校などで剽窃についての教育を十分に受けていないためであるという考え方も提案されている（Wheeler, 2009）．

いずれにせよ，日本人が書いた原稿に向けられる欧米人の目にはかなり厳しいものがあることは確かである．したがって，論文投稿の初心者が英語論文を執筆する場合には，自らの著作が剽窃に陥らないように常に細心の注意を払わなければならない．以下では，そのためのヒントについて述べよう．

1.6.2 剽窃を回避するためのヒント

剽窃を回避するために著者が第一に行うべきことは，自分の文章について，「他者のアイデアや表現を自分の功績としてないか」ということを常にチェックすることである．たとえば，他者のアイデアが盛り込まれている英文を借用すれば，そこに多少の言い換えがあったとしても，それは剽窃になる．これを避けるためには，どんなに小さなアイデアに言及する場合でも，その原典をAPAスタイルに従って適切に引用しておく必要がある．

また，文章の中に特定のアイデアが含まれていない場合であっても，他者の優れた表現をそのまま借用すれば，それもまた剽窃である．これを避けるためには，やはりその出典を適切に引用しておく必要がある．さらに，自分では例文を参照しながら独自に生成したつもりの文章が，知らず知らずのうちに剽窃に陥ってしまわないために，もとの例文を自在に書き換える技能を日頃から高

めておくことも重要である．

　たとえば，シソーラス辞典（thesaurus，類義語辞典）を利用して，有用な英語例文に含まれている単語をできる限り別の単語に書き換える技能はその一例である．仮に，ネイティブが書いた例文の中にimportantという単語があるとしよう．この単語の類義語をシソーラス辞典で引けば，key, principal, significant, fundamentalなどのさまざまな類義語を見つけることができる．また，和英辞典を使って，「重要な」という日本語に該当する単語を探す方法によっても，やはり数多くの類義語に出会うことができる．それらの単語のニュアンスをひとつひとつ丹念に検討しながら，原文中のimportantという単語を，全く別の単語に入れかえるのである．これができたら，次に，他の単語についても類義語との入れ替えを検討する．このような方法に従ってできる限り多くの単語を入れ替えることで，原文とは全く異なる文章を数多く生成することが可能になる．

　さらに，執筆経験が増すにつれて，英文法の基礎的な知識を使って文章の内容や構造を変えるという技能もまた次第に身についてくる．具体的には，単数型と複数型を入れ替える，受動態と能動態を入れ替える，関係代名詞を用いた文章を分割する，動詞表現を名詞表現に変えるなどの方法により，参照している例文とは異なる英語表現を生成することができるようになるのである．たとえば，The participant lacked experience. という動詞表現を，The participant showed a lack of experience. という名詞表現に変えるのは，その一例である．これらの方法を縦横無尽に組み合わせることにより，原文とは全く異なる文章を大量に生成することができるようになれば，剽窃に陥ることなく，自分独自の文章を自在に繰り出すことができるようになる．

　先にも述べたように，欧米では，英語を母国語としない著者が，他者の書いた英語の切り貼りにより論文を執筆することを，学問的な剽窃として否定的に捉える傾向が顕著であった（Dryden, 1999）．だが，第二言語教育における最近の研究のなかには，切り貼りによる執筆を，執筆能力の発達過程において見られる一段階として，より肯定的にとらえるものも見受けられるようになってきた（Howard, 2001 ; Pecorari, 2003 ; Wheeler, 2009）．たとえば，Pecorari (2003) は，

「現時点では切り貼りの英語しか書けない著者であっても，適切な支援を受けさえすれば，近い将来に学術論文の有能な著者になるだろう（"Today's patchwriter is tomorrow's competent academic writer, given the necessary support to develop."）」

と述べている（Pecorari, 2003, p. 338）．英語を母国語としない著者にとっては，とても励まされる考え方である．切り貼りによる執筆と剽窃についての議論が今後どのように展開するかはわからない．ともかくも，英語論文執筆の初心者は，いわゆる「切り貼り著者（patchwriter）」から一刻も早く脱出して自分なりの英語を自在に操れるようになるための努力を常に怠ってはならない．

1.7　APAスタイルの概要

　APAスタイルとは，アメリカ心理学会（American Psychological Association）の推奨するスタイル（書き方）であり，行動科学や社会科学分野の論文やレポートで最もよく用いられるフォーマットである．ここでは，APAスタイル（第6版）の概要を紹介する．もっとも，雑誌により原稿の書式やスタイルは微妙に異なる．したがって，実際の投稿にあたっては，雑誌の投稿規定にも丹念に目を通す必要がある．

1.7.1　書　式

　APAスタイルは，行動科学系や社会科学系の論文やレポートを記述するための標準的な書式である．したがって，自分のワープロを，以下の7つのポイントに注意しながらAPAの書式に設定しておこう．

　1. ページを設定するコマンドにより，用紙の大きさを**A4**（21 cm × 29.69 cm）または**レター**（21.59 cm × 27.94 cm）にする．編集者と審査者が明らかにアメリカ在住の研究者である場合には，原稿を紙に印刷して審査することを想定してレターサイズにしてもよい．しかし，それ以外の場合はA4でよい．次に，レイアウトを指定するコマンドにより，**余白を1インチ**（2.54 cm）に設定する．APAマニュアルでは，1行の長さが16.51 cm以下になることを要求している．レターの場合は21.59 cm － 5.08 cm ＝ 16.51 cmとなり，この要求を満たす．また，A4の場合は21 cm － 5.08 cm ＝ 15.92 cmとなり，原稿は細めになるが，やはりこの要求を満たすことになる．

　2. フォントを**Times New Roman**の**12ポイント**に設定する．フォントは，字画の先端に飾りひげがあるセリフ体と，飾りひげがないサンセリフ体の2種

類に大まかに分けることができる．APAスタイルでは，セリフ体を本文に用い，サンセリフ体を図に用いることを推奨している（第9章を参照）．

3. 段落書式を指定するコマンドにより，**行間を2行（ダブルスペース）**にする．投稿の初心者は，ダブルスペースでは行間が大きすぎるように感じてしまう．だが，これは，審査者がメモやコメントを書き込むためにどうしても必要な空間である．さらに，**原稿全体を左揃え（align left）**にして，行末を揃えない（その結果，各行の右側はギザギザになる）ように設定する．加えて，長い単語をハイフンで切ること（ハイフネーション）はしない設定にする．

4. **各段落の始まりを字下げ（5から7スペース分）**する．ただし，要約，表のタイトルや注，図のキャプションでは字下げしない．

5. **コンマ（, ），コロン（: ），セミコロン（; ），および，名前のイニシャルを表すピリオド（. ）の後は，スペース1個を置く**．ただし，省略形を表すピリオド（たとえば，e.g., i.e., など）と比率を表すコロン（たとえば，1:2）の後にはスペースを入れない．

6. 文章の終わりにくる**ピリオド（. ）や疑問符（？）の後にはスペースを2個**置くことで，文章と文章の間をわずかに広げる．これにより原稿全体がぐっと見やすくなる．

7. 論文の全てのページに，ランニングヘッドとページ番号をつける．そのためには，最初のタイトルページを書くときに，これらを指定してしまえばよい．具体的には，ワープロのヘッダーを指定するコマンドによりページヘッダーを開き，ランニングヘッドとページ番号をそこに記述する．**ランニングヘッドは，50文字以下，全て大文字，および，左揃え**で書く．また，ページ番号の挿入コマンドを使って，ランニングヘッドを書いた行の**右端にページ番号をアラビア数字の連番**で書く．以上の設定により，原稿のタイトルページが1ページ，要約が2ページ，本文の始まりが3ページとなる．

1.7.2 原稿の構成

投稿する原稿は，以下の部分から構成されている．

1. タイトルページ（1ページ目）

まず，タイトルページの上半分に，**題名（12語程度），著者（名，ミドルネームのイニシャル，姓），所属機関（一人の所属機関は2つまで，所属機関がない場合は都市と州）**を書く．タイトルは，主要語のみを大文字にして，中央揃え

で書く．次の行に，**著者名を，貢献度順に，中央揃え**で書く．その次の行に，**研究実施時の所属を，中央揃え**で書く．

一方，タイトルページの下半分には，**著者注を4つの段落に分けて書く**．著者注の書式については，本書の第2章で詳述する．

2. 要約（2ページ目）

2ページ目の1行目に，中央揃えで Abstract と書き，**字下げせずに要約を書く**（150 語から 250 語程度）．要約の詳しい書式については，本書の第2章を参照されたい．

3. 本文（3ページ目以降）

3ページ目から，本文の各節（序文，方法，結果，考察，引用文献，表，図，付録）を書く．各節の詳細な書式については，本書の該当する章で詳述する．ちなみに，投稿の初心者は，引用文献を別ページで書くことや，図表をひとつ作るごとに1ページを使うことを忘れがちなので特に注意してほしい．

1.7.3　APA マニュアルの利用

APA マニュアルでは，見出し（コラム2を参照），文献引用（コラム4と5を参照），偏見のない文章，句読法，綴り，大文字と小文字の使用，数（コラム3を参照），統計などの様々なポイントについて，統一された書式を使用することを推奨している．執筆者がそれらのポイントを遵守しながら原稿を作成することにより，書式の不統一がもたらす無用な混乱を避け，正確性，明確性，一般性を持った雑誌を読者に提供することが可能となる．したがって，投稿の初心者は，APA マニュアルを常に参照しながら執筆を行わなければならない．

幸いなことに，APA マニュアル第6版については，英語版と日本語版が出版されている．

American Psychological Association. (2010). *Publication Manual of the American Psychological Association* (6th ed.). Washington DC: Author.

アメリカ心理学会（著），前田樹海ら（訳）．(2011) APA 論文作成マニュアル第2版　医学書院．

実の所，出版の経験がない初心者が執筆前にこれらのマニュアルを通読することは，あまり現実的ではない．そこで，本書では，これらのマニュアルの主なポイントを各章に設定されたポイントとコラムの中で簡潔に解説することにした．投稿の初心者は，まず，本書で APA スタイルの概要を身につけておき，

執筆開始後に不明な点が生じたときにあらためて APA マニュアルの詳細な規定を確認するとよいだろう．

1.8 本書の構成と使い方

1.8.1 目次と索引

本書では，集めた例文を，それらの例文が比較的よく使われる節（序文，方法，結果，考察，表，図）ごとに分類して示した．また，各節の中では，例文の用途（目的を述べる，仮説を述べるなど）に応じてさらにまとめて示すことにした．

実際の執筆では，使用する場所に基づく分類に意味はなく，たとえば，序文で使われる例文に分類されている例文を，考察で用いても一向にかまわない．したがって，適切な例文が該当する節に見当たらない場合には，他の節の例文も参照してほしい．

加えて，本書の巻末には，日本語と英語の索引を掲載した．読者が論文の執筆に慣れている場合は，目次や索引から，自分が表現したい内容に近い例文やパターンを直接見つけ出して活用してほしい．

また，本書を論文執筆法の講義の教科書として用いる場合には，たとえば，目的，仮説，実験デザイン，統計的分析などのように毎回テーマを決めて，それらのテーマに沿った例文を学習させることで，学生の執筆能力を改善してゆくことができる．あるいは，性格心理学，臨床心理学などのように，授業で取り扱う研究分野を設定し，それらの分野で高頻度に使う例文を抜き出して集中的に解説するという授業方法も考えられる．

1.8.2 文章のパターン

本書では，それぞれの例文について，文章の構造を示すパターンを太字で印刷し，その後に，実際の論文で使われた使用例と引用文献番号を印刷した．

文章の構造パターンでは，簡単な変数（X，Y，Z，A，B，C，N，M など）を用いて，変数内に読者が表したい内容を入れると文章が完成する形式を用いた．

変数の表記に厳密なルールはない．だが，変数名の使用においては，変数の内容が直感的にわかりやすくなるように配慮した．たとえば，名詞や名詞句な

どの比較的短い語句が入る場合は1文字（X, Y, Z など）を用い，文章や動詞句などの比較的長い語句が入る場合には3文字（XXX, YYY, ZZZ など）を用いることで，ある程度使い分けることにした．また，パターン中で著者名や発表年を変数として表記する場合には，Author[s]と year という変数名を用いた．さらに，数字が入る変数はできる限り N, M, L, P, Q, R, S などを用いた．だが，変数名の習慣については文化差や個人差があり（実は共著者の間でも意見が分かれることも多かった），わかりにくい部分も多々残っているかと思う．読者の方々のご批判をいただければ幸いである．

1.8.3　例文の一部改変

　例文を集めている間に，原典の明らかな誤植をいくつも発見した．その場合は，ネイティブであるシュワーブ夫妻の判断で正しいものに修正した．また，例文が長過ぎる場合には，その一部だけを掲載した．
　さらに，ネイティブの視点から見て，用いられている語句がベストチョイスではないと判断される場合には，原文を一部改変した．一方，読者が原文へ参照することを可能にするために，全ての例文の後に引用文献番号を示した．この番号を手掛かりに引用文献を入手すれば，原文を直接参照することができる．

1.8.4　各章のポイントとコラム

　各章の始めに，論文の各節（序文，方法，結果，考察など）の内容と書式についてのポイントを載せた．論文出版経験がない場合には，まず，内容についてのポイントを読んで，自分の研究を論文にまとめるための日本語のメモ（あるいはアウトライン）を作成してから，例文に目を通すとよい．メモの内容に近い例文が見つかった場合には，それを参考にして自分のメモを英語に書き直しておけば，それらのメモは，最終的に原稿を構成する重要な文章となる．このような方法により，掲載されている例文をより実践的に身につけてゆくことができるだろう．
　また，初めての執筆では，APA の書式に沿って書くこと自体が心理的な障壁になることが多い．そこで，出版の初心者の場合は，例文の学習と並行して，各章に設定された書式のポイントに目を通してから APA マニュアルの該当する箇所を参照する，という学習も同時に行うとよいだろう．これにより，APA の書式が少しずつ身についてゆくにちがいない．

さらに，各章の終わりにはコラムを設けて，論文執筆に役立つヒントを解説した．最初の5つのコラムでは，審査者から誤りを指摘されることが多い，要約，見出し，数，引用文献の書式などについて解説した．これらのコラムはAPAスタイルを学習するためのさらなる助けとして活用してほしい．

　次の4つのコラムでは，日本人が論文を執筆するためのヒント，データベースへの収録を意識した論文の書き方，心理学の語彙を増やすヒント，および，執筆についてのQ&Aについて解説した．これらのコラムを参考にすれば，投稿原稿のレベルをさらに高めることができるだろう．

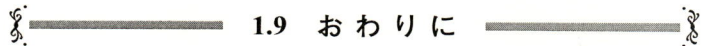

1.9　おわりに

　論文執筆の初心者であっても，ここで解説した方法に従って一般英語，科学英語，および，専門用語を使いこなす技能を丹念に身につければ，誤りの少ない英語論文を着実に執筆することができるようになる．もちろん，書き上げた原稿は，その後，何度も繰り返して推敲することを怠ってはならない．これら一連の作業にかなりの時間と努力を費やせば，あなたの英語が審査者に褒められるほど高いレベルに到達することも不可能ではない．若き研究者の方々の敢闘を心から祈ってやまない．

[高橋雅治]

引用文献

土居健郎 (1971).「甘え」の構造．弘文堂．

Dryden, L. M. (1999). A distant mirror or through the looking glass? Plagiarism and intellectual property in Japanese education. In L. Buranen & A. M. Roy (Eds.), *Perspectives on plagiarism and intellectual property in a postmodern world* (pp. 75-85). Albany: State University of New York Press.

Howard, R. M. (2001, March 17). *Plagiarism: What should a teacher do?* Paper presented at the Conference on College Composition and Communication, Denver, CO. http://wrt-howard.syr.edu/Papers/CCCC2001.html, accessed April 3, 2013.

Pecorari, D. (2003). Good and original: Plagiarism and patchwriting in academic second language writing. *Journal of Second Language Writing, 12*(4), 317-345.

Wheeler, G. (2009). Plagiarism in the Japanese universities: Truly a cultural matter? *Journal of Second Language Writing, 18*(1), 17-29. doi: 10.1016/j.jslw.2008.09.004

Column 1 　要約の内容は，論文のタイプによって異なる

　APAマニュアルは，文章の「スタイル」と「内容」の両方を指定することが多い．特に，要約の内容については，ジャーナルのタイプにより，詳細なガイドラインを示している．それらのガイドラインを以下にまとめる．要約では，データベース検索で検索されやすい表現を用いて，以下の内容を必ず書き表すことが重要である．

経験的な研究報告の内容：
1. 問題を一文で述べる．
2. 参加者（人間）や被験体（動物），および，それらの重要な特徴（年齢，性別，民族性，数，属，種）を述べる．
3. 装置，データ収集手順，テストの完全な名前，薬物の名前と投与量などを含む方法を述べる．
4. 有意水準，効果量，信頼区間などを含む重要な結果を述べる．
5. 結論，意味，応用を述べる．

理論論文の要約の内容：
1. トピックを一文で述べる．
2. 論文のテーマ，目的，範囲（理論的領域は選択的か，包括的で広範囲か）を述べる．
3. 使用される情報源（自分自身の観察か，出版された文献か，あるいは両方か）を述べる．
4. 結論を述べる．

文献評論やメタ分析の内容：
1. 問題を簡潔に述べる．
2. 先行研究を分析に含める基準を述べる．
3. 1次研究における参加者のタイプを述べる．
4. 主な結果（最も重要な効果量のみ），および，効果量の調整変数を述べる．
5. 結論を述べる．
6. 方針，理論，実践，将来の研究にとっての意味を述べる．

APAや各ジャーナルは，これらのガイドラインをはっきりと明記している．それにもかかわらず，我々はただ日本語の要約の翻訳であるような要約を数多く校閲してきた．その内容は，上記の内容とは似ても似つかぬものであった．

　論文の執筆において最も重要なことは，読者とのコミュニケーションである．したがって，要約や論文は，基本的に以下の4つの質問に答えるものでなければならない．

　1. 研究の基盤は何か．著者の研究以前に，心理学者は何を知っていたか．
　2. 研究で用いられた方法と測度は何か．どのようなサンプルが含まれていたか．
　3. 研究の重要な結果は何か．
　4. 結果が，その領域の理解を，それ以前の知識との関連において，どのように進歩させたか．

　我々は，言葉や表現を上手に選び，専門的に見て優れた方法と分析を報告する多くの要約や論文を読んできた．だが，いつの場合も，上記の4つの質問に明快かつ簡潔に答えていないなら，読者とのコミュニケーションには不首尾な部分が残るだろう．

〔デイビッド・シュワーブ　&　バーバラ・シュワーブ〕

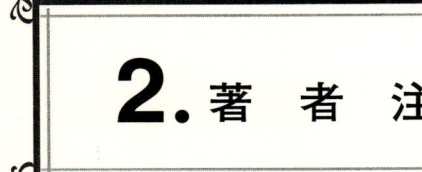

2. 著者注　Author Note

著者注のポイント

【内容】

　著者注の目的は，**研究実施時の所属**，**現在の所属**，**謝辞と特記事項**，**連絡先**についての情報を読者に提供することである．APAは，著者注の充実に寛容であり，できる限り充実させることを勧める．

　ただし，内容と書式が細かく定められているので，以下の書式を注意深く守る必要がある．

【書式】

　著者注は，原稿の1ページ目の下段に書く．前章（1.7.2項）でも述べたように，原稿の1ページ目の上段には，題名，著者名，所属機関をセンタリング・主要な単語の頭文字のみを大文字という書式で書く．その下段に，著者注をインデント（字下げ）の書式で，段落分けして書く．なお，Author Noteという見出しは，センタリングされているがボールド体ではないことに注意されたい．ちなみに，論文の題目，および，Author Note, Abstract, References, Footnotes, Appendixという見出しは，本文中の見出しの書式（詳細については，コラム2を参照）に該当しないため，ボールド体にはしない．[著者注を含む原稿の第1ページの例については，APAマニュアル日本語版の38ページに掲載されている原稿サンプルを参照されたい．]

　著者注の各段落では，研究実施時の所属，現在の所属，謝辞と特記事項，連絡先を，この順序で記載する．各段落の内容は，以下の通りである．[著者注の構成の詳細については，APAマニュアル日本語版の19-20ページを参照．]

1. 第1段落において，**研究実施時の所属**を述べる．具体的には，著者の所属する学科，講座，研究所などについての情報を記載する．
2. 第2段落では，**現在の所属**について述べる．すなわち，研究終了後に所属が変更になった著者がいる場合に，現在の所属を書く．

3. 第3段落では，**謝辞と特記事項**を記載する．謝辞とは，資金的援助，同僚による研究協力，原稿へのコメント，個人的協力などに対する謝辞などのことであり，この順に記載する．また，複数の著者の等しい貢献（イーコォル・コントリビューション）についてもここで述べる．また，特記事項として，博士論文に使用されたデータであること，一部が学会で発表されていることなどについても記述する．
4. 第4段落において，著者の**連絡先とメールアドレス**を記述する．

【ヒント】

　所属，謝辞，特記事項などの各段落は，必要がなければ省略してよい．なお，メールアドレスにはピリオドを付けないように注意しよう．

　論文執筆の初心者は，原稿を書き始める最初の段階から，APAマニュアル日本語版の91-134ページに記載されている「論文スタイルの技巧」の章を参照しながら書く習慣を身につけるとよい．そこには，スペースの使い方（コンマやコロンの後や引用文献中や氏名のイニシャルで使うピリオドの後は1スペース，文章間は2スペースなど），ブラケットの使い方（既に括弧を含む統計値では［］を使わないなど），数の表記法（10より小さい数は単語で綴るなど）などの規則が明記されているので，それらを少しずつ覚えてゆくことを心がけよう．

2.1 研究実施時の所属

■ 一人［複数］の著者の所属を述べる．

Author 1, Department, University [; Author 2, Organization, City, State/Country; Author 3, City, State/Country].

著者1，部署，大学［；著者2，組織，市，州/国（大学以外の場合）；著者3，市，州/国（所属がない場合）］．

　　Laura D. Kubzansky, Department of Society, Human Development, and Health, Harvard School of Public Health; Laurie T. Martin, the Rand Corporation, Arlington, VA; Stephen L. Buka, Brown University.　（38）

　　（日本語訳省略）

　　（訳者注：所在地は，米国内の場合は州，米国外の場合は国を書く）

2.2 所属の変更

■ 現在の所属を簡潔に述べる．

X is now [currently] at Y, [City], [State/Country].

X は，現在，[州/国]，[市] にある Y に所属している．

> Ashley Nunes is now at CSSI, Inc., Washington, DC. (47)
>
> Ashley Nunes は，現在，ワシントン DC の CSSI 株式会社に所属している．

2.3 謝　　辞

2.3.1 研究費

■ 研究費による支援を述べる．

This research was supported by X [grant name/number] from Y [source of grant].

この研究は，Y [助成金交付団体名] からの X [助成金名と番号] によって支援された．

> This research was supported by Grants R01 AG25667 and R01 AG25032 from the National Institute on Aging. (47)
>
> この研究は，国立加齢研究所からの助成金（R01 AG25667 と R01 AG25032）によって支援された．

2.3.2 研究協力

■ 支援や助力に感謝する．

Special thanks are due to A and B for their help with data collection, C and D for technical assistance, and to E and F for logistical assistance.

データ収集においてご助力を頂いた A と B，技術的な支援を頂いた C と D，および，後方支援を頂いた E と F に感謝の意を表する．

> Special thanks are due to Andrea Barkauski and Shanquin Yin for their help with data collection, Sharon Yeakel and Henry Zaccak for technical assistance, and Greg Myles and Kathy Fox for logistical assistance. (47)
>
> データ収集においてご助力を頂いた Andrea Barkauski と Shanquin Yin, 技術的な支援を頂いた Sharon Yeakel と Henry Zaccak，および，後方支援を頂いた Greg Myles と Kathy Fox に感謝の意を表する．
>
> （訳者注：logistical assistance とは，研究の準備や実行のための情報収集，物品の用意,

切片の手配などの多岐にわたる後方支援のことである）

2.3.3　コメント

■　コメントに感謝する．

The authors thank A, B, and C for their helpful comments.
著者らは，有用なコメントに対して，A，B，および，C に感謝する．

> The authors thank Jim Bettman, Amit Bhattacharjee, and Stephanie Finnel for their helpful comments.　(35)
>
> 著者らは，有用なコメントに対して，Jim Bettman, Amit Bhattacharjee, および，Stephanie Finnel に感謝する．

2.3.4　技術的支援

■　原稿の準備における技術的な支援に感謝する．

The author gratefully acknowledges the technical assistance of X in the preparation of this manuscript.
著者は，原稿の準備における X の技術的な支援に感謝の意を表する．

> The author gratefully acknowledges the technical assistance of Peggy M. Plant in the preparation of this manuscript.　(30)
>
> 著者は，原稿の準備における Peggy M. Plant の技術的な支援に感謝の意を表する．

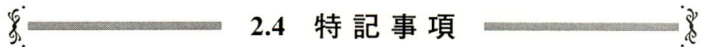

2.4　特記事項

2.4.1　博士論文

■　論文が博士論文に基づいていることを述べる．

The research reported here formed part of Author's doctoral thesis.
ここで報告される研究は，著者［名前］の博士論文の一部であった．

> The research reported here formed part of Samuel Hannah's doctoral thesis.　(24)
>
> ここで報告される研究は，Samuel Hannah の博士論文の一部であった．

2.4.2　学会発表

■　研究がすでに学会で発表されていることを述べる．

This work was [Portions of these data were] presented at the [Nth annual] X conference, [City], [State/Country].

この研究は［これらのデータの一部は］，［州/国の］［市で開かれた］X 学会の第 N 回年次大会で発表された．

This work was presented at the 12th Biennial Cognitive Aging Conference, Atlanta, GA. (7)

この研究は，ジョージア州アトランタで開かれた認知老化学会の第 12 回隔年大会で発表された．

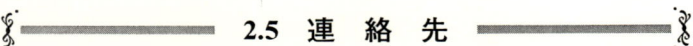

2.5 連 絡 先

■ 著者の連絡先を示す．

Correspondence concerning this article should be addressed to NAME, AFFILIATION, STREET ADDRESS. E-mail: EMAIL ADDRESS

本論文についての問い合わせ先は，「名前，所属，住所，電子メールアドレス」である．

Correspondence concerning this article should be addressed to John T. Blaze, The University of Southern Mississippi, Room 224, Owings-McQuagge Box 5025, Hattiesburg, MS 39406-5025 USA. E-mail: john.blaze@usm.edu (3)

（日本語訳省略）

Column 2　見出しの書式

　APA 出版マニュアルの最新版（第6版）では，見出し（heading）の書式が変更された．見出しのレベルは，位置（センタリング・左寄せ・字下げで始まりピリオドで終わる），大文字と小文字（主要語の語頭を大文字・文頭の文字のみ大文字），および，字体（ボールド体・イタリック体）という要因を組み合わせて，5種類の見出しレベルが設定された．以下に，最新版で定められた5つのレベルの見出しを，見出しレベルを示す数字と共に示す（実際の執筆では，見出しレベルを示す数字は書かないことに注意）．

1	センタリング・ボールド体・語頭を大文字
2	左寄せ・ボールド体・語頭を大文字
3	字下げとピリオド・ボールド体・文頭の文字のみ大文字．
4	*字下げとピリオド・ボールド体・イタリック体・文頭の文字のみ大文字．*
5	*字下げとピリオド・イタリック体・文頭の文字のみ大文字．*

　たとえば，design and material というフレーズをこれらの見出しレベルで表記すると，次のようになる．

1	**Design and Material**
2	**Design and Material**
3	**Design and material.**
4	***Design and material.***
5	*Design and material.*

　最初の見出しはレベル1を用いる（ただし，序文には Introduction という見出しをつけない）．そして，どんなに見出しが多くても，このリストの上から下へと，トップダウンの形式で利用する．また，レベル1と2では，見出しの後に改行・字下げして本文を書く．一方，レベル3以上（ピリオドでおわる見出し）では，改行せずに続けて本文を書く．さらに，見出しに番号やアルファベットをつけて系列化してはならない．加えて，複数の研究からなる論文では，同じ項目を同じ見出しレベルで書く（たとえば，実験1と実験2の Results は同じ見出しレベルで書く）ことにも注意しよう．

　これらのガイドラインに従うと，単一研究の論文では，たとえば以下のような見出しの例が考えられる．

1	**Method**
2	**Sample**
2	**Measures**
3	**Attitudes toward political issues.**
3	**Ideological belief scales.**
1	**Results**
2	**Descriptive Statistics**
2	**Constructing the Social and Economic Political Attitudes Scales**
1	**Discussion**

また，2つ以上の研究からなる複数研究論文では，以下のような見出しの例が考えられる．

1	**General Method**
2	**Stimuli**
2	**Listeners**
2	**Statistical Analysis**
3	**Dependent measures.**
3	**Data analysis.**
1	**Experiment 1**
2	**Method**
2	**Results**
2	**Discussion**
1	**Experiment 2**
	・
	・
	・
1	**Summary and Concluding Discussion**

　これらの例のように，ほとんどの論文では，レベル3までの見出しで事足りることが多い．これよりも細かい見出しを設定する場合には，イタリック体を用いたレベル4とレベル5を用いることになる．ちなみに，各レベルの見出しは，2つ以上の見出しがある場合にのみ使用することも忘れてはならない．

なお，以前にも述べたように，投稿原稿中で使う Author Note, Abstract, References, Footnotes, Appendix という見出しは，あくまで編集者に区分けを伝えるための見出しであり，ここで示した本文中の見出しの書式に該当しないため，ボールド体にはしない．

　これらのガイドラインは 2009 年に出版されたが，現時点（2013 年）では，まだ完全に広まっているとはいえない．だが，いつの場合も，著者が最新のガイドラインに沿っていることは，審査者や編集者にとてもよい印象を残すことを忘れてはならない．

［高橋雅治］

3. 要約 Abstract

要約のポイント

【内容】

　要約の目的は，**論文本体を参照せずに研究の内容を理解してもらうための情報**を読者に提供することである．要約で研究内容の本質を的確に伝えることができれば，読者が論文本体を読んでくれる可能性は高くなるだろう．しかし，論文本体を読んでもらえない場合は，要約が読者に伝わる内容の全てになる．

　いずれの場合も，要約は，具体的で，簡潔で，かつ，明瞭でなければならない．言い換えれば，参加者の特性や測定の手続きなどを含む具体的な内容を，**正確に**（論文の内容を正確に伝える），**評価せず**（論文にコメントしない），**読みやすく**（名詞表現より動詞表現［たとえば，choice より choose など］を用いる，受動態よりも能動態を用いる，適切な時制を使用するなど），かつ，**簡潔に**（題名を繰り返さない，重要なことだけを書くなど），記述する必要がある．

　また，要約の内容は，論文本体に準じていなければならない（詳しくはコラム3を参照）．たとえば，実証的研究では，目的（研究課題など），方法（参加者，方法など），結果（発見内容，効果量など），考察（結論，意義など）の要素を含む．同様に，評論論文では，研究課題，論文の選定基準，参加者のタイプ，主な結果，結論と意義などの要素を含む．したがって，要約を書く前に，これらの要素を簡潔にまとめたメモを作っておくとよい．

【書式】

　要約は，原稿の2ページ目に書く．他のページと同様に，最上部のヘッダーには，ランニングヘッドとページ番号が必要である．要約本体は，2ページの一番上の真ん中にAbstractと書き，次の行から字下げせずに書き始める．［要約の構成についてはAPAマニュアル日本語版の20-22ページを，要約原

稿の例については，APA マニュアル日本語版の 38 ページに掲載されている原稿サンプルを参照されたい．］

要約の長さは 150 語から 200 語程度で，その後にキーワードをつけることが多い．だが，要約の書式は雑誌によって異なる場合があるので，執筆前に投稿規定を確認しておこう．

【ヒント】

要約で用いる文章パターンは研究内容に応じて多種多様であり，序文，方法，結果，および，考察の各節で用いられる全ての文章パターンにまたがる．そのため，実際の執筆に際しては，この章だけではなく，本書の他章に掲載した全ての例文の中から適切な物を探し出して参照する必要がある．また，要約を英語で書く作業は，論文本体を英語で書く作業と部分的に重なるので，論文本体を書き上げてから要約に取り組めば，要約を効率よく書くことができる．

ここでは，多くの情報を簡潔にまとめた例文を中心に呈示する．これらを参考にして，要約に適した簡潔な文章パターンの特徴を身につけてほしい．

3.1 背景の説明

■ 心理的障害の特徴を簡潔に述べる．

X is associated with A, B and C, resulting in D.

X は，A，B，および，C と関連しており，結果として D をもたらす．

> Social anxiety disorder is associated with impairment in social and occupational functioning, significant personal distress, and a possible economic burden, resulting in a reduction in quality of life. (27)
>
> 社会不安障害は，社会的および職業的な機能障害，著しい個人的苦痛，および，起こりうる経済的負担と関連しており，結果として生活の質の低下をもたらす．

3.2 目 的

■ 目的を，実験的制御の内容とともに述べる．

The present study investigated the effects of control of X on Y.

本研究は，X の制御が，Y に及ぼす効果を調べた．

> The present study investigated the effects of control of background sounds（type and loudness）on perceived intrusiveness of tinnitus and cognitive performance. (28)
>
> 本研究は，背景音（音のタイプと音の大きさ）の制御が，個人の感じる耳鳴りの侵入性と認知成績に及ぼす効果を調べた．

3.3 方　　法

■ 参加者と質問紙を簡潔かつ明瞭に述べる．

N Xth grade boys [/girls] and M Yth grade boys [/girls] completed L questionnaires about A and B.

N 名の X 年生の男子 [/女子] と M 名の Y 年生の男子 [/女子] が，A，および，B についての L 種類の質問紙に回答した．

> Forty-two 5th grade boys and 42 8th grade boys first completed two questionnaires about cooperation/competition and group/individualized activities.　(54)
>
> 42 名の 5 年生の男子と 42 名の 8 年生の男子が，まず，協力／競争，および，グループ／個人活動についての 2 種類の質問紙に回答した．

■ 刺激操作と測定内容を簡潔かつ明瞭に述べる（論文英語では we や our を使うことは少ないことに注意）．

We varied the level of A in a B task, and assessed its effect on C, using a measure of D.

我々は，B 課題における A のレベルを変化させて，それが C に及ぼす効果を D 測度を用いて評価した．

> We varied the level of perceptual load in a letter-search task and assessed its effect on the conscious perception of a search-irrelevant shape stimulus appearing in the periphery, using a direct measure of awareness（present/absent reports）. (43)
>
> 我々は，文字探索課題における知覚的負荷のレベルを変化させて，そのレベルが，周辺に呈示される検索とは無関連の形刺激の意識的な知覚に及ぼす効果を，意識の直接的測度（ある／なしの報告）を用いて評価した．

3.4 結　　果

3.4.1　結果をまとめて述べる

■ 変数とその関係を簡潔かつ明瞭に述べる．

There was a direct relationship between X and Y.

XとYの間には直接的な関係があった.

> There was a direct relationship between the intensity of running and the severity of withdrawal symptoms. （33）
> 走行強度と離脱症候群の重症度との間には直接的な関係があった.

3.4.2　結果を意味とともに述べる
■ 先行研究との一致を述べながら，結果を簡潔かつ明瞭に述べる.

Consistent with previous studies, A appears more effective than B for C, with improvements extending into D.

先行研究と一致して，AはCに対してBよりも効果的であり，改善はDにまで及ぶようである.

> Consistent with previous studies, selective serotonin reuptake inhibitors appear more effective than placebo for social anxiety disorder, with improvements extending into social and occupational functions. （27）
> 先行研究と一致して，選択的セロトニン再取り込み阻害薬は社会不安に対して偽薬よりも効果的であり，改善は社会的および職業的機能にまで及ぶようである.

3.4.3　複数研究の結果を述べる
■ 複数研究の結果を簡潔にまとめて列挙する.

Study 1 showed that AAA. Study 2 revealed that BBB. Study 3 examined C. Study 4 found that DDD. Taken together, these studies show that EEE.

研究1はAAAを示した．研究2はBBBを明らかにした．研究3はCを調べた．研究4はDDDを見いだした．これらの結果を総合すると，これらの研究はEEEということを示している.

> Study 1 showed that the Implicit Association Test (IAT)-Anxiety exhibited good internal consistency and adequate stability. Study 2 revealed that the IAT-Anxiety was unaffected by a faking instruction. Study 3 examined the predictive validity of implicit and explicit measures and showed that the IAT-Anxiety was related to changes in experimenter-rated anxiety. Study 4 found that several behavioral indicators of anxiety during a stressful speech were predicted by the IAT. Taken together, these studies show that the IAT-Anxiety is a reliable measure that is able to predict criterion variables above questionnaire measures of anxiety and social desirability. （13）
> 研究1は，潜在的連合テスト－不安（IAT-Anxiety）の手法が良い内的整合性と適切な安定性を持つことを示した．研究2は，IAT-Anxietyが偽りの教示により影響を受けないことを明らかにした．研究3は，暗黙的および明示的測度の予測的妥当性を調べ，IAT-Axietyが実験者により評価される不

安の変化と関連することを示した．研究4は，ストレスの強いスピーチ中のいくつかの行動指標がIATにより予測されることを見いだした．これらの結果を総合すると，これらの研究は，IAT-Axiety が，不安と社会的好ましさの質問紙測度を超える基準変数を予測することができる信頼できる測度であることを示している．

3.5 考　　察

3.5.1　意味を述べる
■ 結果の意味を簡潔かつ明瞭に述べる．

These results suggest that XXX.

これらの結果は，XXX ということを示唆している．

> These results suggest that reflective normative feedback may offer a powerful new tool for female-targeted interventions. (39)
>
> これらの結果は，相手が自分に対して持っている規範のフィードバックが女性をターゲットとする介入のための新しい強力な道具となるかもしれないことを示唆している．

3.5.2　予測との一致を述べる
■ 結果が予測を支持することを簡潔に述べる．

These results empirically confirm X.

これらの結果は，X を経験的に確認する．

> These results empirically confirm two unique aspects of anticipatory time perception in determining individuals' temporal discounting.　(35)
>
> これらの結果は，個人の時間割引の決定における予期的時間知覚の2つの独特な側面を経験的に確認する．

3.5.3　意味の議論を簡潔に要約する
■ 結果があることに対して意味を持っていることを，一文で簡潔かつ明瞭にまとめる．

The implications of these findings for X are discussed.

これらの知見が，X に対して持つ意味が論じられる．

> These results suggest that given substantial experience, older adults may be quite capable of performing at high levels of proficiency on fast-paced demanding real-world tasks. The implications of these findings for global skilled labor shortages are

discussed. (47)

これらの結果は，しっかりとした経験があれば，ペースが速く要求水準が高い現実世界の課題において，高齢の成人が高いレベルの能力を十分に発揮することができるかもしれないことを示唆している．これらの知見が世界的な熟練労働の不足に対して持つ意味が論じられる．

Column 3 数と数詞の使い方

　心理学論文の著者は，しばしば，数，数詞，および，統計量の表現において，共通の誤りを犯す．ここで，数（number）は文字で書かれた単語（"one"など），数詞（numeral）はアラビア文字で書かれた表現（"1"など），統計量（statistics）はローマ字やギリシア文字の記号と数字で書かれた分析結果（$r = .28$ など）を意味している．

　以下に，心理学の論文で誤りやすいスタイルについて，APAマニュアルの示すガイドラインを述べる．

1. 数詞（1, 2, 3, ...）を使う場合
    - 10以上の数字（58 years old）
    - 要約内の数字（5 children and 14 grandchildren）
    - 測定単位を伴う数字（a 2.54 inch opening）
    - 年齢と尺度上の点を示す数字（1 year-olds, 5-point scale）
    - 番号順で使う数字（Table 2, Grade 3）

2. 数を表す単語（one, two, three, ...）を使う場合
    - 9以下の数字
    - 文章，題名，ヘディングの最初に書かれた数字（Five children were the participants.）
    - 分数（half of the participants, one third of the boys）
    - 共通の表現（Big Five traits）

3. 小数点の使い方
    - 通常は四捨五入により小数点第2位までを書く（$M = 2.38$ years）
    - 統計値が1を超える可能性がある場合にのみ，小数点の前に0を書く（M

= 0.89)

4. 1000 以上の数字
    - 日本の計数法ではなく，西洋の計数法に従って，3桁ごとにコンマを入れる．（12,328,587）

5. 数の複数形
    - アポストロフィを書かずに s をつける（60s and 70s）

6. 統計量を示すローマ字やギリシャ文字の記号を使う場合に間違えやすい点を以下にまとめる
    - 値が .001 以下の p 値は，$p < .001$ のように表す．それ以外は，四捨五入により小数点以下 2〜3 桁で正確な p 値（たとえば，$p = .027$）を示す．
    - 論文の本文中では，統計用語を単語（たとえば，*chi-square*）で表す．しかし，統計的検定の結果の表現では，よく知られた統計用語に略語を用いる．よく知られていない統計用語には，略語を使わないことも受け入れられる．少なくとも，以下の略語を使うことを推奨する．
        H_0 and H_1（帰無仮説と対立仮説）
        M（平均）
        n（事例の下位サンプル数）
        ns（有意でない）
        p（確率）
        r（ピアソンの積率相関係数）
        R（重回帰）
        SD（標準偏差）
        t（ステューデントの t 分布）
        z（標準化得点）
    - 最低限，以下のギリシャ文字の記号を使うことを推奨する．
        α（クロンバックの内的整合性係数）
        μ（母平均，期待値）
        χ^2（カイ二乗分布）
        β（母回帰係数，添字付き）

[デイビッド・シュワーブ ＆ バーバラ・シュワーブ]

4. 序　　文　Introduction

序文のポイント

【内容】
　序文の目的は，これから報告する研究の内容を一連の先行研究と関連づけることによって，**研究の目的と必要性を読者に納得させること**である．
　そのために，まず，
　　1. **先行研究の動向**（研究法や研究内容の概要など）
　　2. **先行研究の問題点**（知見，結論，問題など）
をわかりやすく説明する．
　次に，
　　3. **これから報告する研究の必要性**（先行研究における矛盾の解決，定式化の範囲の拡大，社会問題の解決など）の説明
　　4. **用いられるデザインや方法の予告**（目的，仮説，デザイン，予測など）
について述べる．
　これらの内容を，**論理的に**，**過不足なく**，かつ，**明確に**記述することができれば，研究の目的と必要性を読者に納得させることができる．［序文の内容や構成については，APA マニュアル日本語版の 22-23 ページを参照．］

【書式】
　序文は，原稿の 3 ページ目から書く．ページ上部の中央に論文の題目（主要語の最初の文字を大文字にすること）を書き，次の行から序文の内容を直接書き始める．最初の節は序文であることは明らかなので，Introduction という見出しは書かない．［序文の書式の実際例については，APA マニュアル日本語版の 39 ページに掲載されている原稿サンプルを参照．］

【ヒント】
　序文の前半では，研究の背景を説明するための基本的な表現が多用される．具体的には，先行研究の動向，当該分野で用いられる課題・パラダイム・尺

度などの研究法，先行研究がもたらした知見，研究を駆動してきた仮説・理論・モデル，問題点の指摘などの表現である．また，序文の後半では，これから報告する研究の内容に踏み込んで，研究の必要性を説明しなければならない．そのため，先行研究の問題点の指摘，報告する研究内容の必要性と妥当性の説明，研究目的の明示などの表現などを身につけておく必要がある．そこで，本章では，これらの例文を中心に掲載した．

　序文では，先行研究の説明や，報告研究の予告において，方法，結果，考察の節で用いられる表現もまた多用される．したがって，4章「方法」，5章「結果」，6章「考察」などの章に示した例文も適宜参照しながら執筆を進めよう．

4.1　研究背景

4.1.1　研究の動向

■ 多くの研究が調べてきたことを述べる．

Many studies have examined XXX.
数多くの研究が，XXX を調べてきた．

　　Many studies have examined gender differences in psychological outcomes following disasters. (3)
　　数多くの研究が，大災害後の心理学的な結果変数における性差を調べてきた．

■ 質的研究が調べてきたことを述べる．

Qualitative research with X has explored Y.
X についての質的研究は，Y を調査してきた．

　　Qualitative research with the homeless has explored hope and hopelessness. (41)
　　ホームレスについての質的研究は，希望と絶望を調査してきた．

■ ある研究者たちが，ある問題に系統的に取り組んできたことを述べる．

X researchers have conducted a very large number of studies on Y, and systematically addressed Z.
X の研究者たちは，Y について非常に多くの研究を行い，Z に系統的に取り組んできた．

　　Terror management researchers have conducted a very large number of studies on these points, and systematically addressed a wide range of criticisms. (11)

恐怖管理の研究者たちは，これらの問題について非常に多くの研究を行い，広範囲にわたる批判に系統的に取り組んできた．

■ あるトピックについての研究が増えていることを述べる．

A growing body of evidence suggests that XXX.

XXX ということを示唆する証拠が増えている．

A growing body of evidence suggests that proximity of the referent group is an important factor when evaluating peer influences on drinking behavior. (39)

飲酒に及ぼす同輩の効果を評価する場合に，参照グループの近接性が重要な要因であることを示唆する証拠が増えている．

■ もうひとつの応用領域について述べる．

Another area of applied research that bears on the issue of X has examined Y.

X の問題と関係する応用研究のもうひとつの領域は，Y を研究してきた．

Another area of applied research that bears on the issue of distraction has examined task interruptions. (14)

妨害の問題と関係する応用研究のもうひとつの領域は，課題の割り込みを研究してきた．

■ 先行研究が，対立する説明を提案していることを述べる．

There are two primary explanations for X given in the literature. One explanation is that AAA. An opposing explanation argues that BBB.

X については，主に 2 つの説明が文献で提案されている．ひとつの説明は，AAA というものである．それとは反対の説明は，BBB と主張する．

There are two primary explanations for the relational shift given in the literature. One explanation is that children undergo a global shift in their cognitive abilities. （略）An opposing explanation argues that children are able to focus on relational similarities as a function of their knowledge base. (34)

関係シフトについては，主に 2 つの説明が文献で提案されている．ひとつの説明は，子供たちが認知能力の全体的な変化を受けるというものである．（略）それとは反対の説明として，子供たちは，彼らの知識ベースの機能として関係的な類似性に焦点を当てることができるという主張がある．

4.1.2　概念の定義

■ 現象の名前を述べる．

This phenomenon has been called X ([Abbreviation for X]).

この現象は，X (X の略語) と呼ばれてきた．

This phenomenon has been called activity-based anorexia (ABA). (33)

この現象は，活動に基づく拒食症（ABA）と呼ばれてきた．

■ 概念の定義を述べる．

X refers to Y (Author, year).

XとはYのことである（著者，発表年）．

> Pediatric parenting stress refers to the stress experienced by parents of children with chronic illness (Streisand et al., 2001). (45)
>
> 小児科における育児ストレスとは，慢性疾患を持つ子供の親が経験するストレスのことである (Streisand et al., 2001)．

■ 操作的定義を与える．

X is often operationalized as Y.

Xは，しばしばYとして操作的に定義されてきた．

> Political orientation is often operationalized as a unidimensional left-right continuum. (9)
>
> 政治的態度は，しばしば左派 - 右派という1次元の連続体として操作的に定義されてきた．

■ 心理学的障害の特徴について述べる．

X is characterized primarily by A that may be accompanied by B, C and D.

Xは，本来，B，C，および，Dをともなうかもしれないにより特徴づけられる．

> Social anxiety disorder (social phobia) is characterized primarily by a fear of negative evaluation in social settings that may be accompanied by blushing, trembling and cognitive problems. (27)
>
> 社会不安障害（社会恐怖）は，本来，赤面，震え，および，認知的問題をともなうかもしれない，社会環境における否定的な評価の恐怖により特徴づけられる．

4.1.3 パラダイム・測度・手法の紹介

■ 実験パラダイムについて述べる．

To explore the mechanisms underlying the association between A and B, researchers have used laboratory paradigms that CCC.

AとBの間の結びつきの根底にある機序を説明するために，研究者たちはCCCという実験パラダイムを用いてきた．

> To explore the mechanisms underlying the association between acute stress and dysregulated behaviors, researchers have used laboratory paradigms that induce aversive instigation and measure aggressive behavior. (60)
>
> 激しいストレスと調整不全行動の間の結びつきの根底にある機序を説明す

るために，研究者たちは，嫌悪的に扇動された状態を作り出して攻撃行動を測定する，という実験パラダイムを用いてきた．

■ 実験パラダイムの内容を述べる．

In this paradigm, participants typically perform a[n] X task, for example, Y.

このパラダイムにおいて，参加者は，典型的には，たとえばYのようなX課題を行う．

> In this paradigm participants typically perform a visual search task, for example, search for a prespecified target letter. (14)
>
> このパラダイムにおいて，参加者は，典型的には，たとえばあらかじめ明記された標的文字の探索のような視覚的探索課題を行う．

■ 課題の内容を述べる．

In a typical X task, participants make Y responses between different target stimuli.

典型的なX課題では，参加者は異なる標的刺激間のY反応を行う．

> In a typical flanker task, participants make speeded choice responses between different target stimuli. (14)
>
> 典型的なフランカー課題では，参加者は異なる標的刺激間の選択反応を急いで行う．

■ 測度を紹介する．

Among the first attempts to assess A and B were C measures like D (abbreviation for test; Author, year).

AとBを評価する初期の試みの中には，D検査（検査の略語；著者，発表年）のようなC測度がある．

> Among the first attempts to assess implicit self-esteem and self-concept were projective measures like the Thematic Apperception Test (TAT; Murray, 1943). (13)
>
> 潜在的な自尊心と自己概念を評価する初期の試みの中には，絵画統覚テスト（TAT; Murray, 1943）のような投影法がある．

■ 測度があることを測定するために用いられてきたことを述べる．

The X scale has been used as a[n] Y scale to measure Z.

X尺度は，Zを測定するためのY尺度として用いられてきた．

> The CGI-I scale has been used as a clinical rating scale to measure treatment response in clinical trials involving several psychiatric disorders. (26)
>
> CGI-I尺度は，いくつかの精神障害の治験における治療への反応を測定するための臨床評定尺度として用いられてきた．
>
> （訳者注：CGI-I尺度；clinical global impression-improvement scale，臨床全般印象改善尺度）

■ 先行研究が測度を使って患者を評価したことを述べる．

Author (year) assessed N patients with A (aged M-L years) with B and C, and DDD.

著者 (発表年) は，AのあるN人の患者 (年齢はM-L歳) を，BとCを用いて評価し，DDDを行った．

> Margraf and colleagues assessed 27 patients with panic attacks (aged 18-60 years) with clinical interviews and standardized questionnaires and later asked them to keep a diary for 6 days (Margraf et al., 1987). (1)
>
> Margrafらのグループは，パニック発作のある27人の患者（年齢は18-60歳）を，臨床面接と標準化された質問紙を用いて評価し，その後，6日間日記をつけることを患者に求めた (Margraf et al., 1987)．

■ 評価法を紹介する．

One assessment approach is to XXX.

ひとつの評価アプローチとしては，XXXという方法がある．

> One assessment approach is to evaluate the physiological changes that accompany panic attacks in the laboratory. (1)
>
> ひとつの評価アプローチとしては，パニック発作に伴う生理学的な変化を実験室内で評価することがある．

4.1.4　独立変数と従属変数

■ 研究されてきた結果変数を列挙する．

Two of the common outcomes measured in X research are A and B.

Xの研究において共通に測定されてきた心理学的な結果変数として，AとBの2つが挙げられる．

> Two of the common psychological outcomes measured in disaster research are general psychological distress (GPD) and posttraumatic stress (PTS). (3)
>
> 大災害研究において共通に測定されてきた心理学的な結果変数として，一般的心理的苦痛 (GPD)，および，心的外傷後ストレス (PTS) の2つが挙げられる．

■ ある独立変数がある従属変数に及ぼす効果を示した最近の研究について述べる．

Recent studies of X have investigated the effects of Y on Z.

Xについての最近の研究は，ZがYに及ぼす効果を調べてきている．

> Recent studies of amnesic patients have also investigated the effects of unitization on associative recognition. (12)
>
> 健忘症患者についての最近の研究もまた，結合化が連合的な再認に及ぼす効

果を調べてきている.

■ 2つの変数が相関することを述べる.

X and Y have been found to be [weakly/moderately/strongly] correlated.

X と Y は［弱く/中程度に/強く］相関することが見いだされてきた.

> Right-wing authoritarianism and social dominance orientation have been found to be weakly to moderately correlated. (9)
>
> 右派権威主義と社会的優位志向は弱程度から中程度に相関することが見いだされてきた.

■ 複数の研究が, ある変数間の関連を報告してきたことを述べる.

A large body of research has found evidence of an association between X and Y.

膨大な数の研究が, X と Y の間に関連があるという証拠を発見してきた.

> A large body of research has found evidence of an association between hostility and coronary heart disease. (38)
>
> 膨大な数の研究が, 敵意と冠状動脈性心疾患の間に関連があるという証拠を発見してきた.

4.2 先行研究の知見

4.2.1 単独の知見

■ 先行研究を引用する (found を使いすぎないように注意).

Author (year) found that XXX.

著者 (発表年) は, XXX ということを見いだした.

> Charness (1981) found that the effectiveness of search for chess moves was unrelated to age for expert players. (47)
>
> Charness (1981) は, チェスのエキスパート選手では, 詰め手の捜索の有効性が年齢と無関係であることを見いだした.

■ 発達研究の知見とその意味を述べる.

Author (year) report that younger children (N year-olds) showed poorer performance on this task in comparison with M year-olds, suggesting that X develops over time.

著者 (発表年) は, さらに幼い子供たち (N 歳) は M 歳の子供と比べてこの課題での成績が悪いことを報告し, X は時間の経過とともに発達することを示唆している.

> Gentner and Rattermann (1991) report that younger children (3 year-olds) showed

poorer performance on this task in comparison with 4 year-olds, suggesting that the ability to reason about relations develops over time. (34)

Gentner と Rattermann (1991) は，さらに幼い子供たち (3歳) は4歳の子供と比べてこの課題での成績が悪いことを報告し，関係についての推論能力は時間の経過とともに発達することを示唆している．

4.2.2　一貫した知見

■ 先行研究が一貫した結果をもたらしていることを述べる．

There is consistent evidence that XXX.

XXX という一貫した証拠がある．

> There is consistent evidence that feelings of belonging bring about action and reduce bystander behavior. (58)
>
> 所属意識が行為を産み出し，傍観者行動を減少させる，という一貫した証拠がある．

■ 先行研究が，あることを示唆していることを述べる．

Prior research has suggested that XXX.

先行研究は，XXX ということを示唆してきた．

> Prior research has suggested that adaptive spiritual coping methods tend to decrease psychosocial distress over time, even after controlling for nonreligious coping methods when people face life stressors. (61)
>
> 先行研究は，人生のストレス要因に直面したときの非宗教的な対処法を制御した後でも，適応的であるスピリチュアルな対処法が時とともに心理社会的な苦痛を減少させる傾向があることを示唆してきた．

■ あることを示す先行研究が数多く累積していることを述べる．

In the last few years, an impressive number of studies demonstrating X have accumulated.

過去数年間において，X を例証する非常に多くの研究が累積してきた．

> In the last few years, an impressive number of studies demonstrating reliability and validity of the IAT have accumulated. (13)
>
> ここ2, 3年間，IAT の信頼性と妥当性を例証する非常に多くの研究が累積してきた．
>
> （訳者注：IAT；implicit association test，潜在的連合テスト）

■ ある知見が，異なる母集団において示されていることを述べる．

This phenomenon has been documented for X from Y (Author, year) and Z (Author, year) origins.

この現象は，Y系（著者，発表年），および，Z系（著者，発表年）のX について，

実証されてきている．

> This phenomenon has been documented for children of immigrants from both Asian (e.g., Zhou & Bankston, 1998) and Mexican (e.g., Matute-Bianchi, 1986; Valenzuela, 1999) origins. (23)
>
> この現象は，アジア系（たとえば，Zhou & Bankston, 1998），および，メキシコ系（たとえば，Matute-Bianchi, 1986；Valenzuela, 1999）の移民の子供たちについて，実証されている．

■ 知見が十分に立証されていることを述べる．

It is well established that XXX.

XXX ということは十分に立証されている．

> It is well established that many individuals with tinnitus complain of poor attention and concentration difficulties. (28)
>
> 耳鳴りのある人が注意力が不足して注意集中が難しいと訴えることは，十分に立証されている．

4.2.3　知見の具体的内容

■ たびたび報告される知見の内容を述べる．

For example, it has been reported often that XXX.

たとえば，**XXX** ということがしばしば報告されてきている．

> For example, it has been reported often that many different agents, habits, or exogenous factors are capable of triggering attacks. (1)
>
> たとえば，多くの異なる作用物質，習慣，あるいは，外因的要因が発作の引き金となり得ることがしばしば報告されてきている．

■ 一研究を例にとって知見を述べる．

In one study, XXX.

ある研究では，**XXX**．

> In one study, patients with different degrees of agoraphobic avoidance completed a questionnaire. (1)
>
> ある研究では，異なる程度の広場恐怖型の回避症状を持つ患者が，質問紙に回答した．

■ メカニズムについての知見を述べる．

The essential mechanism behind X involves Y.

X の背景にある本質的なメカニズムは，**Y** を含む．

> The essential mechanism behind direct cueing involves the cognitive neural changes that result from repeated coactivation of responses and contexts. (62)
>
> 直接的なキューイングの背景にある本質的なメカニズムは，反応と文脈の反

復的な同時活性化の結果として起きる認知的な神経変化を含む.

■ 行動傾向についての知見を述べる.

When asked to X, individuals with Y tend to ZZZ.

X すること を求められたとき，Y に罹患している人は，ZZZ をする傾向がある.

> When asked to remember a specific event from their lives in response to a cue word (e.g., "happy"), individuals with depression show an overgeneral memory bias (OGM), that is, they tend to reply with descriptions that summarize several different events. (36)

> 手がかりとなる単語（たとえば，「しあわせな」など）に対して人生から特定の出来事を思い出すことを求められたとき，うつに罹患している人は，概括化された記憶偏向（OGM）を示す．すなわち，彼らはいくつかの異なる出来事を要約する描写により答える傾向がある.

■ 測度の得点についての知見を述べる.

Author (year) reported a score range of A to B (with a mean of C) on X administered to N individuals with Y.

著者（発表年）は，Y のある N 人に実施した X において，A 点から B 点（平均が C 点）という得点の範囲を報告している.

> For instance, Streissguth, Barr, Kogan, and Bookstein (1996) reported a score range of 20 to 120 (with a mean of 79) on an IQ test administered to 178 individuals with FAS. (40)

> たとえば，Streissguth Barr, Kogan, および，Bookstein (1996) は，FAS のある 178 人に実施した IQ テストにおいて 20 から 120 点（平均が 79 点）という得点の範囲を報告している.

> （訳者注：FAS；fetal alcohol syndrome, 胎児アルコール症候群）

4.2.4 研究グループによる知見

■ 共同研究者による研究から導かれた結論について述べる.

Author and his [her] colleagues (year) concluded that YYY.

著者らのグループは，…と結論している.

> For example, in their analysis of the CGI-severity and CGI-improvement scales, Leon and his colleagues (1993) concluded that the use of the CGI-severity and CGI-improvement scales is justified in clinical trials. (26)

> たとえば，CGI の重症度尺度と改善尺度の分析において，Leon らのグループ（1993）はそれらの下位尺度を治験において使用することの正当性が示されていると結論している.

> （訳者注：CGI；clinical global impression scale, 臨床全般印象尺度）

4.2.5　追加的な知見

■ ごく最近ではある研究が多いことを述べる．

More recently, there have been numerous studies of X.

ごく最近では，X について多数の研究がある．

> More recently, there have been numerous studies of fathers across cultures.　(3)
>
> ごく最近では，複数の文化にまたがる父親研究が数多くある．

■ 同じ測度を用いた追加的研究の結果を述べる．

Using the same measure as did Author [et al.] (see Citation), these researchers found that XXX.

著者［ら］（引用文献）と同様の測度を用いて，これらの研究者は XXX ということを示した．

> Using the same measure as did Royalty et al. (see Gelso, Mallinckrodt, & Royalty, 1991), these researchers found that counseling psychologists' retrospective ratings of the faculty modeling ingredient correlated significantly with actual research productivity during their career.　(16)
>
> Royalty ら（Gelso, Mallinckrodt, & Royalty, 1991 を参照）と同様の測度を用いて，これらの研究者は，カウンセリング心理学者による学部教員のモデリング要因の回顧的評価が，職業人生における実際の研究生産性と有意に相関することを見いだした．

4.2.6　矛盾した知見

■ ある研究が他の研究とは対照的な結果を示していることを述べる．

In contrast, the literature on X shows Y.

これとは対照的に，X の研究文献は，Y ということを示している．

> In contrast, the literature on age differences in psychosocial characteristics such as impulsivity, sensation seeking, future orientation, and susceptibility to peer pressure shows continued development.　(57)
>
> これとは対照的に，衝動性，刺激欲求，未来志向，および，同輩からの圧力に対する脆さなどの心理社会学的特徴についての年齢差の研究文献は，持続的な発達を示している．

■ ある知見が，一方の群では見られたが，もう一方の群では見られなかったことを述べる．

They found X on Y tasks for A but not for B.

彼らは，A 群では Y 課題において X を見いだしたが，B 群では見いださなかった．

> They found reduced age-related differences on some dual tasks for older pilots but not for nonpilots.　(47)

彼らは，いくつかの二重課題において，より高齢のパイロットでは年齢による差の減少を見いだしたが，パイロット以外の人間では年齢による差の減少を見いださなかった．

■ 最近の研究が，ある事柄の限界を示していることを述べる．

A recent study by Author（year）illustrated the limitations of X.

著者（発表年）による最近の研究は，X の限界を例証している．

> A recent study by Sanders, Thompson, and Alexander（2006）illustrated the limitations of relying on investigator-developed measures of the therapy process. （8）
>
> Sanders, Thompson，および，Alexander（2006）による最近の研究は，研究者が開発した治療過程測度に頼ることの限界を例証している．

4.2.7　初期の知見

■ トピックについての古典的研究を紹介する．

In an early classic study [of X], YYY.

[X についての] 初期の古典的な研究では，YYY であった．

> In an early classic study, when patients with panic attacks were asked to report which symptoms they experienced during their attacks, the number of symptoms was highest if assessed with a retrospective questionnaire. （1）
>
> 初期の古典的な研究では，パニック発作の患者が発作中にどの症状を経験したかを聞かれた場合，回想に基づく質問紙で評価されたときに症状数が最も多くなった．

4.2.8　逸話・事例研究による知見

■ 逸話に基づくアイデアを述べる．

Anecdotal evidence suggests that XXX.

XXX ということを示唆する有力な逸話的証拠がある．

> Strong anecdotal evidence suggests that an executive's ability to lead meetings shapes how team members perceive his or her effectiveness as a leader. （48）
>
> 経営者がミーティングをリードする能力が，チーム構成員が経営者のリーダーとしての能力をどのように認識するかを決める，ということを示唆する有力な逸話的証拠がある．

■ 事例研究について述べる．

An [/Another] interesting application was reported in a case study where XXX.

[もう] ひとつの興味深い応用が，XXX を行った事例研究において報告されている．

Another interesting application was reported in a single case study where psychophysiological data collected with ambulatory assessment were used to correct biased perceptions of a patient's remaining symptoms after treatment. (1)

もうひとつの興味深い応用が，移動評価法を用いて集めた心理生理的データを治療後に残る症状についての偏った知覚を修正するために用いた単一の事例研究において報告されている．

4.3 先行研究の意味

4.3.1 意味

■ 先行研究の全体的な意味を述べる．

Thus, the literature on X suggests that YYY.

それゆえ，X についての文献は，YYY ということを示唆している．

> Thus, the literature on peer intervention suggests that young people are willing to respond to the risky behaviors of others by taking socially responsible action. (58)
>
> それゆえ，仲間の介入についての文献は，若者が，社会的に責任のある行為を行うことにより，他者の危険な行動に対していとわずに反応することを示唆している．

■ 複数の研究から，ある意味を導くことを述べる．

Taken together, the above [/preceding] evidence suggests that XXX.

これらのことを総合すると，上記の [/前述の] 証拠は XXX ということを示唆している．

> Taken together, the above evidence suggests that the spontaneous gestures that unsuccessful learners produce on a task can reflect the implicit steps that learners take on the road to mastering the task. (5)
>
> これらのことを総合すると，上記の証拠は，学習できていない学習者が課題において自発的に示すジェスチャーは，学習者がその課題をマスターする途上でたどる潜在的な段階を反映することがある，ということを示唆している．

4.3.2 予測の支持

■ ある研究の評論がある予測を支持したことを述べる．

A review of the X studies of Y provided support for these predictions（Author, year）.

Y についての X 研究の評論は，これらの予測を支持した（著者，発表年）．

> A review of the early and late selection studies of visual attention provided support for these predictions（Lavie & Tsal, 1994）. (43)

視覚的注意についての初期選択および後期選択研究の評論は，これらの予測を支持した (Lavei & Tsal, 1994).

4.3.3 解釈

■ 先行研究の結果の解釈を述べる．

This can be interpreted as X.

このことは，X として解釈可能である．

> This can be interpreted as synchronous change. （1）
>
> このことは，同期変化として解釈可能である．

■ 他に考えられる説明を述べる．

Another possible explanation is that XXX.

もうひとつの可能な説明としては，XXX ということがある．

> Another possible explanation is that panic attacks are not uniform; the more severe experiences may overshadow less severe episodes in memory. （1）
>
> もうひとつの可能な説明として，パニック発作は一様ではなく，記憶内のより重度の経験がより軽度の経験を覆い隠すということが考えられる．

4.3.4 結論

■ 先に述べた知見に基づいて結論することを述べる．

Because of the strong empirical support just noted, one might conclude that XXX.

今述べたような強い経験的支持があることから，XXX と結論できるかもしれない．

> Because of the strong empirical support just noted, one might conclude that the "science as partly social experience" ingredient should be stated as a main effect. （16）
>
> 今述べたような強い経験的支持があることから，「部分的に社会的な経験としての科学」という因子が主効果と言える，と結論できるかもしれない．

4.4 理論・モデル・仮説

4.4.1 理論の紹介

■ 理論の主なアイデアを述べる．

X theory proposes that YYY.

X 理論は，YYY と提案している．

> Terror management theory (TMT) proposes that humans need self-esteem to manage their existential anxiety about death. (11)
>
> 恐怖管理理論（TMT）は，死についての実存的不安を管理するために，人は自尊心を必要とすると提案している．

■ 2つの理論の焦点を比較する．

Although X theory focuses on A, Y theory places a special emphasis on B.

X 理論は，A に焦点を当てているけれども，Y 理論は B を特に強調している．

> Although many psychological theories of panic disorder focus on the role of bodily symptoms as triggers for panic attacks, cognitive theories place a specific emphasis on the spiraling function of bodily symptoms and cognitive evaluations into full-blown panic attacks. (1)
>
> パニック障害についての数多くの心理学的な理論は，パニック発作の引き金としての身体症状の役割に焦点を当てているけれども，認知理論は，身体症状と認知的評価が螺旋状に悪化して全面的なパニック発作を引き起こす機能を特に強調している．

4.4.2　モデルの紹介

■ ある学者が最近あるモデルを開発したことを述べる．

Author (year) recently developed a conceptual model to facilitate research on X.

最近，著者（発表年）は，X についての研究を促進する概念的なモデルを開発した．

> Mahoney et al. (2008) recently developed a conceptual model to facilitate research on the role of spirituality in the context of a divorce. (61)
>
> 最近，Mahoney ら（2008）は，離婚という文脈におけるスピリチュアリティーの役割についての研究を促進する概念的なモデルを開発した．

■ 複数過程モデルについて述べる．

We present a N-process model of the task involving X. The first stage of the model is A. The second stage of the model is B.

我々は，X を含む課題の N 過程モデルを提示する．モデルの最初の段階は A である．モデルの第二段階は，B である．

> We present a two-process model of the task involving direct and indirect paths to a target. The model is given in Figure 2. The first stage of the model is stimulus encoding. (略) The second stage of the model is spatial updating. (42)
>
> 我々は，標的への直接的および間接的経路を含む課題の 2 過程モデルを提示する．このモデルを図 2 に示す．モデルの最初の段階は刺激符号化である．

（略）モデルの第二段階は，空間的更新である．

4.4.3　仮説の紹介
■ 仮説を述べる．

The X hypothesis states that YYY.

X 仮説は，YYY であると述べている．

> The anxiety-buffer hypothesis states that if a psychological structure（worldview faith or self-esteem）provides protection against anxiety, then strengthening that structure should make one less prone to exhibit anxiety or anxiety-related behavior in response to threats, and weakening that structure should make one more prone to exhibit anxiety or anxiety-related behavior in response to threats. 　(25)

> 不安バッファー仮説は，もしある心理学的な構造（世界観への信頼や自尊心）が不安に対する防衛となっているならば，その構造が増強されると，脅威に対して不安や不安関連行動を示しにくくなり，その構造が弱化されると，脅威に対して不安や不安関連行動を示しやすくなるはずである，と述べている．

■ 先行研究の仮説を述べる．

In Author's (year) statement, X was hypothesized to be Y.

著者（発表年）の主張によれば，X は Y であると仮説化されている．

> In Aronson's (1968) statement, dissonance was hypothesized to be a significant motivational force only when the self-concept or some other firmly held expectancy was involved. 　(20)

> Aronson (1968) の主張によれば，不協和は，自己概念や他の確固たる期待が含まれる場合にのみ，重要な動機づけ要因であると仮定されている．

4.4.4　仮定
■ モデルの仮定について述べる．

Author's (year) X model posits that YYY.

著者（発表年）の X モデルでは，YYY であるとされている．

> Lazarus and Folkman's (1984) stress-coping model posits that both the frequency of exposure and appraisal of the stressfulness of the event determine its impact on health outcomes. 　(32)

> Lazarus と Folkman の (1984) のストレス対処モデルでは，ストレスにさらされる頻度と，事象のストレスの程度の評価の両方が健康上の結果に及ぼす効果を決定するとされている．

■ 研究アプローチの基本的な仮定を述べる．

A basic assumption of X is that YYY.

X の基本的な仮定は，YYY ということである．

> A basic assumption of this research tradition is that nonverbal behavior represents a relatively spontaneous form of behavior. (13)
> この研究様式の基本的な仮定は，非言語的行動が，行動の比較的自発的な形式を表すということである．

4.4.5 予測
■ モデルがあることを予測することを述べる．

This model leads to the prediction that XXX.
このモデルは，XXX ということを予測する．

> This model leads to the prediction that task-irrelevant stimuli will not be perceived. (43)
> このモデルは，課題に無関連な刺激が知覚されないことを予測する．

4.4.6 等式
■ 等式を述べる．

Equation N represents X when YYY.
等式 N は，YYY の時の X を表わす．

> Equation 4 represents hyperbolic discounting when $0 < \beta < 1$. (35)
> 等式 4 は，$0 < \beta < 1$ の時の双曲線割引を表す．

4.5 主題の導入

4.5.1 主題の内容
■ 心理学的なメカニズムの問題を直接的に述べる．

What are the possible mechanisms by which XXX?
XXX のメカニズムとして考えられるものは何だろうか．

> What are the possible mechanisms by which overgeneral memory may put people at risk of chronic depression and PTSD after trauma? (36)
> 概括化された記憶が人々をトラウマ後の慢性うつ病と PTSD の危険にさらすメカニズムとして考えられるものは何だろうか．
>
> （訳者注：PTSD；posttraumatic stress disorder，心的外傷後ストレス障害）

■ 研究上の問題を提示する．

The question is, then, XXX? [/The question, then, is XXX?]

そこで，問題は，XXX ということである．

> The question is, then, what factors might account for these diverging academic trajectories by racial-ethnic group? (23)
>
> そこで，問題は，人種民族グループにより大きく分かれてゆく成績の軌跡が，どのような要因により説明されるかということである．

■ 重要な問題について述べる．

X is one of the most significant Y issues in Z.

X は，Z における最も重要な Y の問題のひとつである．

> Homelessness is one of the most significant domestic policy and mental health issues in America. (41)
>
> ホームレスは，アメリカにおける国内政策上および精神衛生上最も重要な問題のひとつである．

■ 重要な応用可能性について述べる．

A valuable application of X research would [therefore] be to YYY.

[それ故，] X 研究の役立つ応用のひとつは，YYY することであろう．

> A valuable application of attention research would therefore be to predict the type of stimuli that are likely to distract performance. (14)
>
> それ故，注意研究の役立つ応用のひとつは，遂行を妨害する可能性の高い刺激のタイプを予測することであろう．

4.5.2　先行研究による問題の重要性の指摘

■ 先行研究がある問題に注目したことを述べる．

Author (year) noted that XXX.

著者 (年) は，XXX ということに注目した．

> Vigil and Geary (2008) noted that adolescent survivors of Hurricane Katrina with lower self-esteem reported significantly higher levels of PTS. (3)
>
> Vigi と Geary (2008) は，自尊心の低いハリケーン・カトリーナの青年生存者は，有意により高いレベルの PTS を報告したことに注目した．
>
> （訳者注：PTS；posttraumatic stress，心的外傷後ストレス）

■ 先行研究が問題を提案したことを述べる．

In prior work, X proposed that YYY.

先行研究で，X は YYY ということを提案した．

> In prior work, our research team proposed that stress exposure, even if impersonal in nature, activates brain mechanisms involved in approach motivation. (60)
>
> 先行研究で，我々の研究チームは，ストレスへの暴露が，たとえそれが本来

個人に関しないものであっても，接近動機づけに含まれる脳内機構を活性化させることを提案した．

- ■ 重要な知見を指摘する．

    Importantly, X has provided some of the most convincing evidence for Y.

    重要なことに，XはYを支持する最も説得力のある証拠の一部をもたらしてきている．

    > Importantly, this has provided some of the most convincing evidence for the validity of important models of psychopathology in panic disorder.　(1)

    > 重要なことに，このことは，パニック障害の精神病理学の重要なモデルの妥当性を支持する最も説得力のある証拠の一部をもたらしてきている．

- ■ 先行研究がリスク要因を示してきたことを述べてテーマの重要性を強調する．

    X has been found to be a significant risk factor for Y.

    XはYの重要なリスク要因であることもまた示されてきている．

    > Alcohol use has also been found to be a significant risk factor for sexual problems and other consequences.　(39)

    > アルコール使用は，性的問題およびその他の後禍における重要なリスク要因であることもまた示されてきている．

- ■ 先行研究の矛盾する知見を述べる．

    On the one hand, AAA. On the other hand, BBB.

    一方で，AAA．もう一方で，BBB．

    > On the one hand, individuals' extrapolation performance for trained linear, exponential, and quadratic functions, though in the direction of the underlying function, was not consistent with the predictions of two standard rule models. On the other hand, extrapolation was better than predicted by the simple associative learning model.　(44)

    > 一方で，訓練された線形，指数，および，二次関数についての推定の成績は，基本的な関数の方向に沿ってはいたが，2つの標準的な規則モデルの予測とは一致しなかった．もう一方で，推定は，単純な連合学習モデルにより予測されるよりはよかった．

- ■ 先行研究からある問題が提起されることを述べる．

    This raises the issue of whether X [or Y] play [s] a role in the development of Z.

    このことは，X[やY]がZの発達に関与しているのかどうかという問題を提起する．

    > This raises the issue of whether stressful or traumatic life events play a role in the development of overgeneral memory retrieval.　(36)

    > このことは，ストレスのある，あるいは，トラウマとなるような人生の出来

事が概括化された記憶想起の発達に関与しているのかどうかという問題を提起する．

4.5.3 数値データに基づく重要性の指摘
■ 推定発生率を述べて重要性を強調する．

X estimates have a worldwide range from A to B cases of X per C（Author, year）.

Xの推定値は，C人当たりXがAからBケースの範囲である（著者，発表年）．

> FAS estimates have a worldwide range from 0.33 to 2.9 cases of FAS per 1,000 live births（Inaba & Cohen, 2004）．　(40)
>
> FASの推定値は，世界中で，出生1000人あたりFASが0.33から2.9ケースの範囲である（Inaba & Cohen, 2004）．
>
> （訳者注：FAS；fetal alcohol syndrome，胎児アルコール症候群）

4.5.4 障害の困難さに基づく重要性の強調
■ 患者が示す重要な困難さを述べる．

People with X often show difficulty in Y.

Xの患者はしばしばYに困難を示す．

> People with major depression often show difficulty in retrieving specific autobiographical memories.　(36)
>
> 大うつ病の患者は，しばしば特定の自伝的記憶を想起することに困難を示す．

4.6　先行研究の問題点

4.6.1　先行研究が少ない
■ あるトピックについての研究がほとんどないことを述べる．

To date, few experimental analyses evaluating X are available.

現時点まで，Xを評価する実験的分析はほとんどない．

> To date, few experimental analyses evaluating control on tinnitus reactions are available.　(28)
>
> 現時点まで，耳鳴りへの反応の制御を評価する実験的分析はほとんどない．

■ ある年齢のグループの研究がないことを述べる．

Studies of X among Y are lacking.

YにおけるXの研究は存在しない．

> Although a few longitudinal studies of the impact of parent violence on adolescents exist（Smith, Ireland, & Thornberry, 2005）, studies among adolescents who are homeless are lacking. (22)
>
> 親の暴力が青年に及ぼす影響についての縦断的研究はわずかに存在する（Smith, Ireland, & Thornberry, 2005）が，ホームレスの若者における研究は存在しない．

■ ある問題について先行研究が全くないことを述べる．

No research thus far has examined whether XXX.

XXXかどうかを調べた研究はこれまでに行われていない．

> No research thus far has examined whether impersonal and interpersonal stressors elicit similar or distinct patterns of brain activity. (60)
>
> 個人に関しないストレッサーと，対人的なストレッサーが，類似した，あるいは，異なる脳活動のパターンを誘発するかどうかを調べた研究は，これまでに行われていない．

■ ある知見の研究は多いが，別の知見についてはほとんど知られていないことを述べる．

Extensive effort has been dedicated to documenting X. By contrast, relatively little is known about Y.

Xを立証するために，これまでに広範な努力が捧げられてきた．これとは対照的に，Yについてはほとんど知られていない．

> Extensive effort has been dedicated to documenting the effect and to providing various functional forms to model the data. By contrast, relatively little is known about the psychological mechanisms underlying hyperbolic discounting. (35)
>
> その効果を立証し，データのモデルとなる様々な関数形を提供することに，これまでに広範な努力が捧げられてきた．これとは対照的に，双曲線型の割引の基盤となる心理学的なメカニズムについてはほとんど知られていない．

■ 限定された知識が単一のタイプの研究からもたらされているにすぎないことを述べる．

What little is known about X comes from the literature on Y.

Xについて知られているごくわずかの知識が，Yの文献によりもたらされているにすぎない．

> What little is known about bystander behavior in young people comes from the literature on bullying prevention. (58)
>
> 若者における傍観者について知られているごくわずかの知識が，いじめ防止についての文献によりもたらされているにすぎない．

■ 先行研究ではほとんど調べられていない話題を述べる.

Little is known about X.

X についてはほとんど知られていない.

> Little is known about the the gambling behavior of older adults. （46）
>
> 高齢成人の賭博行動についてはほとんど知られていない.

4.6.2　追跡調査が必要である

■ ある研究を追跡調査することが必要であることを述べる.

It is essential to follow up on research by Author（year）.

著者（発表年）により行われた研究を追跡調査することが不可欠である.

> It was essential to follow up on research by Galea et al.（2007）and Kessler et al.（2008）, which suggested that being a member of a displaced group was a strong predictor of psychological trauma after Hurricane Katrina. （3）
>
> Galea ら（2007）, および, Kesseller ら（2008）の研究は, ハリケーンカトリーナ後に退去させられたグループのメンバーであることが心的外傷の強力な予測因子であることを示しており, これらの研究を追跡調査することが不可欠であった.

4.6.3　先行研究の矛盾

■ ある知見について複数の説明があることを述べる.

N possible explanations have emerged to date.

今日までに, N 個の説明の候補が浮上している.

> Three possible explanations have emerged to date. （6）
>
> 今日までに, 3つの説明の候補が浮上している.

■ 最近の知見が, 過去の知見と矛盾することを述べる.

In contrast with this pattern of results, a recent study by Author（year）found that XXX.

このような結果パターンとは反対に, 著者（発表年）による最近の研究は XXX ということを見いだした.

> However, in contrast with this pattern of results, a recent study by Staresina and Davachi（2006）found that activation in the hippocampus and the perirhinal cortex was associated with successful source encoding. （12）
>
> しかしながら, このような結果パターンとは反対に, Staresina と Davachi（2006）による最近の研究は, 海馬と嗅周皮質の賦活が成功におわった情報源の符号化と結びついていることを見いだした.

4.6.4 先行研究の弱点

■ 先行研究を厳しく批判する．

Significant weaknesses characterize the bulk of the small literature on X.

X についてのわずかな文献の大部分は，重大な弱点を持っている．

> Significant weaknesses characterize the bulk of the small literature on parental violence toward adolescents. (22)
>
> 青年に対する親の暴力についてのわずかな文献の大部分は，重大な弱点を持っている．

■ 研究の大部分がある要因に焦点を当ててきたことを述べる．

Most research on X has focused on Y.

X についての研究の大部分は，Y に焦点を当ててきた．

> Most research on parental stress related to caring for children with diabetes has focused on mothers and older children. (45)
>
> 糖尿病の子供の世話に関する育児ストレスについての研究の大部分は，母親とより年長の子供たちに焦点を当ててきた．

■ 先行研究が用いてきた仮定には問題があることを述べる．

The problem with the extant research is the assumption that XXX.

現存する研究の問題は，XXX という仮定を用いていることである．

> The problem with the extant research is the assumption that men have access and opportunity to express these social class/status expectations and roles. (41)
>
> 現存する研究の問題は，男性たちが，これらの社会階層・地位の期待と役割に出会い，それらを表現する機会を持つ，という仮定を用いていることである．

■ 大部分の研究がある決まったサンプルを用いてきたことを述べる．

In most previous investigations of X, researchers have examined participant samples drawn from Y.

X についての先行研究の大部分においては，Y から抽出された参加者のサンプルが研究されてきた．

> In most previous investigations of political orientations, researchers have examined participant samples drawn from the general public or from university student populations. (9)
>
> 政治的態度についての先行研究の大部分においては，一般の人々や大学生の母集団から抽出された参加者のサンプルが研究されてきた．

4.7 研究の必要性

■ あるトピックについてあるサンプルに焦点を当てることが重要であると述べる.

There are compelling reasons to study X with respect to Y.

Y に関して X を研究することには説得力のある理由がある.

> There are compelling reasons to study Asian Americans and Latinos with respect to racial discrimination, and to study the groups together. (32)
>
> 人種の差別に関してアジア系アメリカ人とラテン系アメリカ人を研究すること，および，それら 2 つのグループを一緒に研究することには説得力のある理由がある.

■ あるトピックについての研究が必要であることを述べる.

Additional research is needed to clarify whether XXX.

XXX かどうかを明らかにするために，さらなる研究が必要とされる.

> Thus, additional research is needed to clarify whether parent-adolescent violence uniquely contributes to risk and therefore merits specialized intervention strategies. (22)
>
> そのため，親 - 青年間の暴力がリスクに対して一意的に寄与し，そして，それゆえに特化した介入ストラテジーに値するかどうかを明らかにするために，さらなる研究が必要とされる.

4.8 目　　的

4.8.1　目的の内容

■ 全般的な目的を述べる.

The goal of this article was [/is] to XXX.

本論文の目的は，XXX することであった [/ ある].

> The goal of this article was to provide psychologists with current information regarding sexuality and aging. (29)
>
> 本論文の目的は，性的関心と年齢についての最新の情報を心理学者に提供することであった.

■ あることを決定するという目的を述べる.

The purpose of this study was to determine XXX.

本研究の目的は，XXX を決定することであった.

> The purpose of this study was to determine the degree to which the capacity to understand and use analogies is present in a New World monkey species. (34)
>
> 本研究の目的は，アナロジーを理解し，使う能力が新世界ザル種に存在する程度を決定することであった．

■ 信頼性についての目的を述べる．

This study examines the internal consistency and stability of the X [Test/Scale].

本研究は，X [検査/尺度] の内的整合性と安定性を調べる．

> This study examines the internal consistency and stability of the IAT-Anxiety. (13)
>
> この研究は，IAT-不安の内的整合性と安定性を調べる．
>
> （訳者注：IAT；implicit association test，潜在的連合テスト）

■ 変数間の関係を調べるという研究目的について述べる．

We studied whether X is related to A, B, and C.

我々は，X が，A，B，および C と関係があるかどうかを調べた．

> We studied whether memory specificity is related to major depression, acute stress disorder, and specific assault-related phobia at 2 weeks postassault. (36)
>
> 我々は，暴力後 2 週間の時点で，記憶特異性が，大うつ，急性ストレス障害，および，暴力に関連する特定の恐怖症と関係があるかどうかを調べた．

■ 先行研究を拡張するという目的を述べる．

The present study extends previous research on X in [/by] addressing N unresolved questions.

本研究は，未解決である N 個の疑問に答えることにより，X に関する先行研究を拡張する．

> The present study extends previous research on empathy in addressing two distinct, currently unresolved questions. (55)
>
> 本研究は，現在未解決である 2 つの異なる疑問に答えることにより，共感性に関する先行研究を拡張する．

■ 複数の研究目的を述べる．

The purpose of the current [/this] study was twofold. First, XXX. Second, YYY.

本研究の目的は 2 つであった．ひとつは，XXX．もうひとつは，YYY．

> Therefore, the purpose of the current study was twofold. First, in Experiment 1, we characterized the relation between conditioned novelty and cocaine reward by assessing competition across a range of cocaine doses. Second, in Experiment 2, we determined whether novelty's ability to compete with cocaine persisted or if the initial drug preference returned after a period of abstinence. (49)
>
> それゆえ，本研究の目的は 2 つであった．ひとつは，実験 1 において，コカ

インのある範囲の投与量にまたがって競合を査定することにより条件性新奇性とコカイン報酬の関係の特性を描き出すことであった．もうひとつは，実験2において，新奇性がコカインと競合する能力は持続するのか，あるいは，ある期間の禁欲後に薬物に対する当初の選好が回復するのかを明らかにした．

■ 一連の実験の目的を述べる．

We conducted N experiments aimed at addressing whether XXX and whether YYY.

我々は，XXXかどうか，および，YYYかどうか，という問題に取り組むことを目的とするN個の実験を行った．

> We conducted three experiments aimed at addressing the questions of whether it is possible to unitize item information and source information and whether this unitization leads to increased familiarity-based memory. （12）
>
> 我々は，項目情報と情報源情報を結合化することができるかどうか，および，そのような結合化が熟知性を基盤とする記憶の増加につながるかどうか，という問題に取り組むことを目的とする3つの実験を行った．

4.8.2 目的とその価値

■ 変数間の関係を調べるという目的と理由を述べる．

To understand how X affects [influences] Y, this study [/we] examined the relationship between A, B, C and D.

XがYにどのように影響するかを理解するために，A，B，CとDの間の関係を調べた．

> To understand how school climate influences young people's willingness to intervene in the dangerous plan of a peer, we examined the relationship between adolescents' perceptions of the adult authority at school as democratic and open, school solidarity, and personal feelings of belonging and how they respond to a hypothetical vignette in which a peer is planning to do something dangerous at school. （58）
>
> 同輩の危険な計画に若者が仲裁しようとする意思に校風が及ぼす効果を理解するために，学校にいる大人の権威者が民主的で開放的であるという青年達の認識，学校の団結，および，個人的所属意識と，仲間が学校で危険なことを企てる架空の小品文に対してどのように反応するか，ということとの間にどのような関係があるかを調べた．

■ 目的のもつ価値について述べる．

By studying X, we may gain a better understanding of Y.

Xを調べることにより，我々はYをよりよく理解できるかもしれない．

> By studying the ability of nonhuman primates to use analogies to solve problems,

we may gain a better understanding of our own reasoning ability. (34)

人間以外の霊長類が問題解決のためにアナロジーを用いる能力を調べることにより，我々は，自分自身の推論能力について，より深い理解を得ることができるかもしれない．

4.8.3 関心

■ 主な関心について述べる．

Of primary interest is [/was] whether XXX.

特に関心があるのは，XXX かどうかということである [/あった]．

> Of primary interest is whether memory quantity and efficiency are both impaired in AD relative to healthy younger and older adults. (7)
>
> 特に関心があるのは，AD においては，健康な若者や高齢者と比べて，記憶の量と効率の両方が損なわれているのかどうかということである．
>
> （訳者注：AD；Alzheimer's disease，アルツハイマー病）

4.8.4 一連実験の目的

■ 一連の実験の目的を述べる．

The purpose of the present series of experiments was therefore to determine whether XXX. Experiment 1 demonstrated that YYY. Experiments 2 and 3 then investigated whether ZZZ.

したがって，今回の一連の実験の目的は，XXX かどうかを明らかにすることであった．実験 1 は YYY を例証した．次に，実験 2 と 3 は，ZZZ かどうかを調べた．

> The purpose of the present series of experiments was therefore to determine whether instrumental actions performed by young children are sensitive to devaluation of the outcome. Experiment 1 demonstrated that children are sensitive to the instrumental contingency between the target response (touching an icon on a touch sensitive screen) and the outcome (the presentation of a short video clip). Experiments 2 and 3 then investigated whether devaluing the outcome by specific satiety had an effect on the subsequent instrumental behavior of children ranging between 18 and 48 months of age. (37)
>
> したがって，今回の一連の実験の目的は，幼い子供たちの行う道具的な行為が結果の価値低下に敏感であるかどうかを明らかにすることであった．実験 1 は，子供たちが標的反応（タッチパネルのスクリーン上のアイコンに触れること）とその結果（短いビデオクリップの呈示）の間の道具的な随伴性に敏感であることを例証した．次に，実験 2 と 3 は，結果の価値を特異的な飽和により低下させることが，18-48 月齢の子供たちのその後の道具的行動に影響を及ぼすかどうかを調べた．

4.8.5 仮説

■ 仮説を検証したことを述べる．

We tested the hypothesis that XXX.

我々は，XXX という仮説を検証した．

> We tested the hypothesis that higher levels of self-esteem would reduce the effects that mortality salience has on worldview defense. (25)

> 我々は，自尊心のレベルが高くなると，死の顕現性が世界観の防衛に及ぼす効果が小さくなる，という仮説を検証した．

■ 仮説を述べる．

We hypothesized that XXX.

我々は，XXX という仮説を立てた．

> We hypothesized that female college students would overestimate the amount of alcohol that male students want them to drink. (39)

> 我々は，女子大生は男子学生が彼女たちに飲んでほしいと思うアルコールの量を過大評価するという仮説を立てた．

■ 仮説と理由を述べる．

Because X has been found to Y (Author, year), we hypothesized that ZZZ.

X は Y であることが見いだされてきている（著者，発表年）ので，我々は，ZZZ という仮説を立てた．

> Because age and AD have both been found to reduce the efficiency of the working memory system (Logie et al., 2004), we hypothesized that age and AD related changes in working memory capacity would mediate, to some degree, any changes seen in selective encoding. (7)

> 加齢と AD はどちらも作業記憶システムの効力を減少させることが見いだされてきている（Logie et al., 2004）ことから，我々は，加齢と AD に関連する作業記憶容量の変化が，選択的符号化において見られる全ての変化をある程度媒介している，という仮説を立てた．

> （訳者注：AD；Alzheimer's disease，アルツハイマー病）

4.8.6 先行研究をヒントにした

■ 目的が，先行研究を模していることを述べる．

This study was modeled from a task that has previously been used to test X.

本研究は，X をテストするために過去に用いられてきた課題をもとに作られた．

> This study was modeled from a task that has previously been used to test the analogical reasoning abilities of children. (34)

> 本研究は，子供の類推的推論の能力をテストするために過去に用いられてき

た課題をもとに作られた.

■ 目的が先行研究に基づいて設定されたことを述べる.

On the basis of previous research (Author, year), the present study [/we] explored whether XXX.

先行研究（著者，発表年）に基づいて，XXX かどうかを調べた．

> On the basis of previous research (Landrine et al., 2006), we explored whether Asian Americans and Latinos would experience similar amounts of recent discrimination and similar appraisals of the stressfulness of these events. (32)
>
> 先行研究 (Landrine et al., 2006) に基づいて，アジア系アメリカ人とラテン系アメリカ人が，同じような量の最近の差別を経験し，それらの出来事のストレス度を同じように評価するかどうかを調べた．

4.9 内容の予告と説明

4.9.1 研究内容

■ 課題を述べる.

The task was to XXX.

課題は，XXX を行うことであった．

> The task was to remove each of the balls from its box. (5)
>
> 課題は，その箱からそれぞれのボールを取り出すことであった．

■ 課題の選定理由を述べる.

The tasks in the X were selected to YYY.

X の課題は，YYY のために選ばれた．

> The tasks in the cognitive task battery were selected to provide measures of both ATC domain-relevant abilities and less relevant measures of different aspects of cognition (see Wickens, Mavor, & McGee, 1997). (47)
>
> 認知課題バッテリーの課題は，ATC（航空管制）領域関連の能力の測度と，認知の異なる側面に関する航空管制とはあまり関連のない測度を提供するために選ばれた（Wickens, Mavor, & McGee, 1997 を参照）．

■ 予測される結果について述べる.

Based on X research, the Y sampled here could be expected to ZZZ.

X 研究に基づいて，ここで抽出された Y は ZZZ を行うことが期待された．

> Based on such research, the 5th graders sampled here could be expected to express cooperativeness and interpersonalism and a strong task involvement rather than competitiveness or individualism. (54)

そのような研究に基づいて，ここで抽出された 5 年生は，競争性や個人主義よりもむしろ協調性と対人関係主義と課題への強い関与を示すことが期待された．

■ 調査票の配布と回収について述べる．

X and Y completed self-administered surveys distributed and collected by Z.

X と Y が，Z により配布・回収される自問自答型の調査票に記入した．

Teachers and administrators completed self-administered surveys distributed and collected by field supervisors. （23）

先生と管理職者が，現地監督者により配布・回収される自問自答型の調査票に記入した．

■ 尺度について述べる．

Participants indicated their X at Y and after Z on an N-item scale（e.g., "A", "B", "C"）ranging from M（not at all）to L（very）．

参加者は，Y および Z 後に，X を，M（全くちがう）から L（とても）までの範囲を持つ，N 項目（たとえば，「A」,「B」,「C」）の尺度上で示した．

Participants indicated their state anxiety at baseline and after the stress induction on an eight-item scale（e.g., "worry," "nervous," "tense"）ranging from 0（not at all）to 5（very）． （13）

参加者は，ベースラインおよびストレス導入後の時点で，状態不安を，0（全くちがう）から 5（とても）までの範囲を持つ 8 項目（たとえば，「心配して」,「神経質で」,「緊張して」）の尺度上で示した．

4.9.2 計画の根拠

■ 実験デザインの選定理由を述べる．

Experiment N used the design to assess the prediction that XXX.

実験 N は，XXX という予測を評価するためにこのデザインを用いた．

Experiment 1 used the design that was outlined earlier to assess the prediction that contextual modulation of similarity can be observed in rats. （10）

実験 1 は，ラットにおいて類似性の文脈的調節が観察され得るという予測を評価するために，先に概説したデザインを用いた．

■ 研究計画の理論的根拠を述べる．

The rationale behind X is N[-]fold. First, YYY. The second rationale for X is ZZZ.

X の理論的根拠は，N 個ある．第一に，YYY．X の第二の理論的根拠は，ZZZ．

The rationale behind familiarizing students with varied methods and facilitating students' use of them is twofold. First, doing so will give students the greatest degrees of freedom in fitting the method to their research questions. （略）The second rationale for teaching and facilitating the use of varied methodologies may be even more important, although it is generally not acknowledged in our field. (略) (16)

学生たちに様々な手法に慣れさせ，それらの使用を促進させる理論的根拠は，2つである．第一に，そうすることにより，研究問題に方法論を合わせる場合に最も大きな自由度を学生に与えることになるということである．(略) 多様な方法論の使用を教示し促進する第二の理論的根拠は，我々の分野では概して知られていないが，さらに重要であるかもしれない．(略)

Column 4 本文中における文献引用の書式

APAマニュアルでは，本文中で文献を引用する場合の書式を細かく指定している．ここでは，その概要を解説する．[詳細については，APAマニュアル日本語版の187-194ページを参照されたい．]

【本文中における引用の書式】
1. 著者が一人の場合
本文の一部として記述する場合には，「著者名」を表記し，その後に「発行年」をカッコ書きで表記する．本文中のカッコ内に記述する場合には，「著者名」と「発行年」をコンマで区切って表記する．

> **Author (year)**
> **著者名 (発表年)**
> **(Author, year)**
> **(著者名, 発表年)**
>
> Takahashi (2001) assessed ...
> Neuroimaging studies with NIRS began to reveal ... (Takahashi, 2001).

2. 著者が2人の場合
本文の一部として記述する場合には，表記するごとに，「著者名 and 著者名」と「発行年」をカッコ書きで表記する．本文中のカッコ内に記述する場合には，表記するごとに，「著者名 & 著者名」と「発行年」をコンマで区切って表記する．本文中のカッコ内では，and ではなく & を用いるという点が間違えやすいので注意しよう．

> **Author and Author (year)**

著者名と著者名（発表年）
(Author & Author, year)
(著者名 & 著者名，発表年)
> These procedures were previously described in Takahashi and Ikegami (2008).
> The effects are thought to reflect ... (Takahashi & Ikegami, 2008).

3. 著者が3から5人の場合

　本文の一部として記述する場合には，初出の時は「著者名，著者名，...，and 著者名」を，2回目からは「第一著者名 et al.」を表記し，その次に「発行年」をカッコ書きで表記する．本文中のカッコ内に記述する場合にも，初出の時は「著者名，著者名，... & 著者名」を，2回目からは「第一著者名 et al.」を表記し，次に「発行年」をコンマで区切って表記する．どの場合も，et al. はイタリックにしないことに留意してほしい．

初出時
Author, Author, and Author (year)
著者名，著者名，および，著者名（発表年）
(Author, Author, & Author, year)
(著者名，著者名，& 著者名，発表年)
> Takahashi, Masataka, Malaivijitnond, and Wongsiri (2008) proposed a useful method for examining ...
> For example, drug-dependent persons discounted ... (Takahashi, Masataka, Malaivijitnond, & Wongsiri, 2008)

2回目以降
Author et al. (year)
著者名ら（発表年）
(Author et al., year)
(著者名ら，発表年)
> As suggested by Takahashi et al. (2008), ...
> Previous studies on temporal discounting have delineated ... (Takahashi et al., 2008)

4. 著者が6人以上の場合

　本文の一部として記述する場合には，初出時から「第一著者名 et al.」を表記し，その次に「発行年」をカッコ書きで表記する．本文中のカッコ内に記述する場合も，初出から「第一著者名 et al.」を表記し，その次に「発行年」をコンマ

で区切って表記する.

　ただし，第一著者と発表年が同じであり，かつ，6人以上の著者により行われた2つの異なる研究がある場合，読者は，それらの区別をつけることができない．その場合は，2つの文献の違いがわかるまで著者名を引用し，その後に et al. を表記する．たとえば，次の2つのような文献（架空）を区別して記述する場合を考えよう．

　　Takahashi, Ikegami, Fujihara, Shwalb, Shimakura, and Masataka (2008)
　　Takahashi, Ikegami, Nakazawa, Shwalb, Shimakura, and Masataka (2008)
　この場合，これら2つの文献を区別するために，次のように表記する．
　　Takahashi, Ikegami, Fujihara, et al. (2008) and Takahashi, Ikegami, Nakazawa, et al. (2008) showed that ...

　APAマニュアルでは，ここで紹介した雑誌論文や書籍以外にも，聖書やコーラン，古典的著作，私信などの様々な引用文献の詳細な書式が指定されているので，必要に応じてそれらを参照しながら執筆を進める必要がある．

【カッコ内の文献の順序】

　本文中のカッコ内に複数の文献を並べて表記する場合は，以下の規則に従って並べる．
1. 異なる著者の研究は，著者の姓をアルファベット順にセミコロンで区切って並べる（アルファベット順の規則は，著者の姓，著者名のイニシャル，共著者の順に適用する）．並べ方は，出版年の順ではなくアルファベットの順であることに注意しよう．
　　Past research (Shimakura, 2010; Takahashi, 2008) ...
2. 同じ著者の文献は，著者の姓の後に，出版年を古い順にコンマで区切って並べる．
　　Past research (Takahashi, 2001, 2002) ...
3. 同じ第1著者の文献を並べる場合，単著は共著よりも前に置く．
　　Past research (Takahashi, 2003; Takahashi & Shimakura, 2002) ...
4. 同じ著者で同じ出版年の場合は，タイトルのアルファベット順に並べて，発行年に a, b, c, をつける．
　　Past research (Takahashi & Shimakura, 2002a, 2002b) ...

　これらの規則は，引用文献リストの順番についての規則（コラム5を参照）と類似しているので覚えやすい．

［高橋雅治］

5. 方　　　法　　Method

方法のポイント

【内容】
　方法の節の主な目的は，研究方法についての具体的な情報を読者に提供することにより，
  1. 研究内容の妥当性（validity）と信頼性（reliability）を評価できるようにすること
  2. 研究結果の追試（replication）を実施できるようにすること

である．したがって，方法には，読者が研究内容を完全に把握し，再現することができるために必要とされる情報の全てが書かれていなければならない．

　具体的には，参加者，装置，サンプリング法，測定法，研究手続き，研究デザインなどのような，**研究の実施に必要とされる全ての情報**について，詳述しておく必要がある．たとえば，参加者の項目では，人口統計学的な特徴（年齢，性別，人種，教育レベルなど），母集団の特性（居住地域，履歴など），除外基準などを詳しく書いておくことが，他の研究者による追試やデータの2次使用において役立つのである．

　また，参加者や測定法のデータについて，**結果を予測する可能性がある変数（共変量，covariate）**があれば（たとえば参加者の教育歴など），たとえ結果で引用されない項目であっても，後の研究者によるデータ利用のために記載しておくことが望ましい．さらに，研究デザインについては，読者が研究を確実に再現できるように，参加者の割り付け，マスキング（盲検法など），統計などについて，詳しく記載する必要がある．[方法の内容と構成についてはAPAマニュアル日本語版の24-28ページを参照．]

【書式】
　方法のセクションにおける見出しの書式は，ひとつの研究を報告する論文と，2つ以上の研究を報告する論文で異なる．

ひとつの研究を報告する論文では，改ページは行わずに，Method という見出しを，「センタリング，ボールド体，主要語の語頭を大文字」の書式（レベル1の見出し）で書く．

次に，方法をいくつかの下位項目（Participants, Materials, Procedure など）に分けて記述する．下位項目には「左寄せ，ボールド体，主要語の語頭を大文字」の書式（レベル2の見出し）を用いる．これらの下位項目をさらに細かな項目に分割する場合には，「字下げとピリオド，ボールド体，文頭の文字のみ大文字」の書式（レベル3の見出し）をつけて記載する．［方法の書式の実際例については，APAマニュアル日本語版の41ページに掲載されている原稿サンプルを参照されたい．］

一方，2つ以上の研究を報告する論文では，一般的な手続き（General Method）や実験の番号（Experiment 1, Experiment 2 など）がレベル1の見出しとなる．［原稿の実際例については，APAマニュアル日本語版の51ページに掲載されている原稿サンプルを参照．］そのため，それぞれの研究内の方法（Method）をレベル2，下位項目をレベル3で書くことになる．

複数の見出しレベルは，序文以外の節でも使用することがあるので，全ての節を通して一貫性が保たれるように心がけよう．［見出しレベルの概要については，APAマニュアル日本語版の58-59ページや本書のコラム2を参照．］

【ヒント】
心理学論文では，参加者，材料，教示，心理検査，符号化，試行とセッションの構成，研究デザインなどの表現が多用される．そこで，この章では，それらの例文を中心に掲載した．

これに加えて，方法の節では，細分化された専門分野でのみ用いられる特殊な専門用語を使うことも多い．そのような専門用語の例文を見つける方法については，本書の1章「心理学英語論文の執筆法」を参照されたい．

5.1 参加者

5.1.1 学生の参加者

■ 大学生が授業の単位得点と引き換えに研究に参加したことを述べる．

N introductory psychology students (M women and L men) at X University

participated in this study in exchange for research participation credit.

X大学のN名の心理学入門コースの学生（女性がM名，男性がL名）が，研究参加の単位得点と引き換えにこの研究に参加した．

> Forty-one introductory psychology students (33 women and 8 men) at Johannes Gutenberg-University Mainz participated in this study in exchange for research participation credit. (13)
>
> マインツのヨハングルテンブルグ大学の41名の心理学入門コースの学生（女性が33名，男性が8名）が，研究参加の単位得点と引き換えにこの研究に参加した．

■ 大学生の参加者のグループと募集場所と性別について述べる．

Data were collected from A (n = L) and B (n = M) college students at a university located in the C region of D. The student sample consisted of X men (A = P; B = Q) and Y women (A = R, B = S).

DのC地域に位置している大学のA（n=L）とB（n=M）の大学生から，データが集められた．この学生サンプルは，X人の男性（AがP名，BがQ名）とY人の女性（AがR名，BがS名）からなっていた．

> Data were collected from Asian American (n = 107) and Latino (n = 79) college students at a university located in the Rocky Mountain region of the United States. The student sample consisted of 67 men (Asian American = 36; Latino = 31) and 119 women (Asian American = 71; Latina = 48). (32)
>
> 合衆国のロッキー山脈地域に位置している大学のアジア系アメリカ人（n = 107）とラテン系アメリカ人（n = 79）の大学生から，データが集められた．学生サンプルは，67人の男性（アジア系アメリカ人が36名，ラテン系アメリカ人が31名）と119人の女性（アジア系アメリカ人が71名，ラテン系アメリカ人が48名）からなっていた．

■ 学生の参加者のサンプルサイズ，場所，社会経済的位置について述べる．

Participants were N students at X schools located in Y. The median household income was $A for B and $C for D (source of information, year).

参加者は，YにあるX校に通うN人の学生であった．Bの世帯収入の中央値はAドル，DではCドルであった．（出典，出版年）

> Participants were 636 students at two public high schools located in separate towns in Louisiana's Tangipahoa Parish (county). The median household income was $24,067 for the first town and $22,244 for the second town (U.S. Census Bureau, 2000). (3)
>
> 参加者は，ルイジアナのタンギパホア地方行政区の異なる町にある2つの公立高校に通う636人の学生であった．1番目の町の世帯収入の中央値は24,067ドル，2番目の町は22,244ドルであった．（合衆国国勢調査局，2000）
>
> （訳者注：地方行政区；他州の郡に相当）

- 生徒の参加者のサンプルサイズ，および，学校の種類と場所を述べる．

    Participants were N boys [/girls] from a[n] X school in Y.

    参加者は Y にある X 校の N 名の男子生徒 [/女子生徒] であった．

    > Participants were 84 boys from a school complex affiliated with a national (public) university in central Tokyo. (54)

    > 参加者は，東京中心部の国立（公立）大学の付属一貫校の 84 名の男子生徒であった．

5.1.2　社会人の参加者

- 社会人の参加者，および，グループ当たりの人数を述べる．

    M X and N non-X served as participants, with P Y and Q Z per group.

    M 名の X と N 名の X ではない人が参加者であった．各グループの中で，P 名が Y，Q 名が Z であった．

    > Thirty-six licensed ATC controllers and 36 noncontrollers served as participants, with 18 older and 18 younger adults per group. (47)

    > 36 名の免許のある航空管制官と 36 名の管制官ではない人が実験に参加した．各グループの中で，18 名が年配の成人，18 名が若年の成人であった．

- 社会人の参加者の人口統計学的特徴を記述する．

    On average, respondents were N years old, A% of them were married, and of the latter category B% were married with children. Respondents were predominantly women (C%); their mean seniority (length of service in X) was M years.

    平均すると，回答者は N 歳で，A％が既婚であり，その中の B％が子供のいる既婚者であった．回答者は女性が多数（C％）を占めていた．平均的な勤続年数（X に従事している長さ）は M 年間であった．

    > On average, respondents were 36.2 years old, 85% of them were married, and of the latter category 86% were married with children. Respondents were predominantly women (82%); their mean seniority (length of service in teaching) was 11 years. (52)

    > 平均すると，回答者は 36.2 歳で，85％が既婚であり，その中の 86％が子供のいる既婚者であった．回答者は女性が多数（82％）を占めていた．平均的な勤続年数（教育に従事している長さ）は 11 年間であった．

5.1.3　参加者の年齢や性別

- 参加者の年齢について述べる．

    Their ages ranged from X to Y ($M = A$, $SD = B$).

彼らの年齢は X 歳から Y 歳（平均 A 歳，標準偏差は B）であった．

>Their ages ranged from 18 to 25 ($M = 18.9$, $SD = 1.17$).　(61)
>
>彼らの年齢は，18 歳から 25 歳（平均 18.9 歳，標準偏差は 1.17）であった．

■ サンプルに占める女性・男性の割合を述べる．

N percent of the X students were female [/male].

X 学生の N％は女性［/男性］であった．

>Fifty-three percent of the high school students were female.　(58)
>
>その高校生の 53％は女性であった．

■ 男女比と年齢を述べる．

The sample consisted of [approximately] equal percentages of males (A％) and females (B％) ages C to D years ($M = E$, $SD = F$).

［ほぼ］等しい割合の男性（A％）と女性（B％）からなるサンプルは，C 歳から D 歳（平均 E 歳，標準偏差は F 歳）の年齢であった．

>The sample consisted of approximately equal percentages of males (51.3％) and females (48.7％) ages 11 to 16 years ($M = 13.38$, $SD = 1.39$).　(2)
>
>標本は男性（51.3％）と女性（48.7％）の割合がほぼ等しく，年齢は 11 歳から 16 歳（平均 13.38 歳，標準偏差は 1.39 歳）であった．

5.1.4　参加者の教育歴や収入

■ 参加者が報告した教育歴について述べる．

X reported N mean years of formal education, and Y reported M years of formal education.

X は平均 N 年の公的な教育歴があると報告し，Y は平均 M 年の公的な教育歴があると報告した．

>Healthy older adults reported 15.2 mean years of formal education, and individuals with AD reported 14.7 years of formal education.　(7)
>
>健康な高齢の成人たちは平均 15.2 年の公的な教育歴があると報告し，AD のある人は平均 14.7 年の公的な教育歴があると報告した．
>
>（訳者注：AD；Alzheimer's disease，アルツハイマー病）

■ 参加者の給与や年収について述べる．

Estimated annual salaries ($n = N$) ranged from $A to $B, with a median annual salary of $C.

推定年俸（$n = N$）は，A ドルから B ドルの範囲であり，年俸の中央値は C ドルであった．

>Estimated annual salaries ($n = 18$) ranged from $100,000 to $30,000,000, with a

median annual salary of $272,500. Bonuses were not included in these estimates. (48)

推定年俸（$n = 18$）は，100,000 ドルから 30,000,000 ドルの範囲であり，年俸の中央値は 272,500 ドルであった．これらの推定年俸にボーナスは含まれていなかった．

5.1.5　参加者の人種

■ 参加者の民族的あるいは人種的な背景を述べる．

With regard to the ethnic or racial origin of the participants, A% were X, B% were Y, and C% were Z.

参加者の民族的あるいは人種的な出自は，A％が X，B％が Y，C％が Z であった．

With regard to the ethnic or racial origin of the participating candidates, 93.2% were White, 1.1% were Arab/West Asian, 1.1% were Aboriginal Canadians, 0.5% were Black, 0.5% were South Asian, 0.5% were Chinese, 0.5% were Korean, 0.5% were members of another visible minority, and 2.1% did not indicate their ethnicity. (9)

参加候補者の民族的あるいは人種的な出自は，93.2％が白人，1.1％がアラブ／西アジア人，1.1％がアボリジニ系カナダ人，0.5％が黒人，0.5％が南アジア人，0.5％が中国人，0.5％が韓国人，0.5％が別の非白人系少数派であり，2.1％は民族性を示さなかった．

5.1.6　参加者の人口統計学的情報の収集

■ 参加者の背景や人口統計学的な情報を得るために質問紙を用いたことを述べる．

A background questionnaire was used to obtain demographic and X information, including Y and Z.

背景についての質問紙が，Y と Z を含む人口統計学的および X 的情報を得るために用いられた．

A background questionnaire was used to obtain demographic and medical information, including child age and ethnicity, family income, parent employment and education history, date of diagnosis, and current medical regimen. (45)

背景についての質問紙が，子供の年齢と民族性，家族の年収，両親の職業と教育歴，診断日時，および，現在の医学療法を含む人口統計学的および医学的情報を得るために用いられた．

5.1.7　募集方法

■ 無作為標本の抽出について述べる．

A random probability sample of X was drawn from the sampling frame of Y.

Y の抽出枠の中から，X の無作為確率標本が選ばれた．

> A random probability sample of 30 high schools was drawn from the sampling frame of 240 Hebrew-language, nonvocational, and nonboarding high schools located north of Be'er-Sheva in Israel.　(52)
>
> イスラエルのベエルシェバの北に位置し，職業高校や寄宿学校ではなく，ヘブライ語を話す 240 の高校の抽出枠の中から，30 の高校の無作為確率標本が選ばれた．

■ 募集の場所を表す．

They were recruited from X.

彼らは，X で募集された．

> They were recruited from an audiology department at a university hospital.　(28)
>
> 彼らは，大学病院の耳鼻咽喉科で募集された．

■ 子供の研究で，親や保護者と接触した方法について述べる．

Parents of identified Xs were contacted by Y and a follow-up Z by a trained research assistant who introduced the study, answered questions, and determined eligibility.

同定された X の両親とは，Y，および，訓練を受けた研究補助者による参加確認のための Z により，接触した．その研究補助者は，研究内容を紹介し，質問に答え，さらに，参加資格を有しているかどうかを決めた．

> Parents of identified children were contacted by mail and a follow-up telephone call by a trained research assistant who introduced the study, answered questions, and determined eligibility.　(45)
>
> 同定された子どもたちの両親とは，メール，および，訓練を受けた研究補助者による参加確認のための電話により，接触した．その研究補助者は，研究内容を紹介し，質問に答え，さらに，参加資格を有しているかどうかを決めた．

5.1.8　参加者への報酬

■ 参加者が実験後に報酬をもらったことを述べる．

Participants received X at the end of the experiment.

参加者は，実験終了時に X を受け取った．

> Participants received a movie ticket or three lottery tickets at the end of the experiment.　(28)

参加者は，実験終了時に，映画のチケットか3枚のくじ引き券を受け取った．

5.1.9 参加者の参加資格や除外

■ 参加者の資格要件を述べる．

Eligibility requirements for participation in the study were: (a) A, (b) B, (c) C, and (d) D.

本研究への参加資格要件は以下の通りであった．(a) A, (b) B, (c) C, (d) D.

> Eligibility requirements for participation in the study were: (a) child age between 2.0 and 6.0 years at time of questionnaire completion, (b) at least 6-month duration of child's diagnosis of Type 1 diabetes, (c) absence of other chronic illness or developmental diagnosis, and (d) parent fluency in English. (45)
>
> 本研究への参加資格要件は以下の通りであった．(a) 質問紙への回答の時点で子供の年齢が2から6歳であること．(b) すくなくとも6ヶ月間子供が1型糖尿病であると診断されていること．(c) 他の慢性疾患や発達上の診断がないこと．(d) 親が英語を流暢に話すこと．

■ 参加者の拒否率について述べる．

The refusal rate of those participants who returned parental consent forms varied by district [/school], ranging from A% to B%.

親の同意書を返送してきた参加者の拒否率は地域 [/学校] によって異なり，A%からB%の範囲であった．

> The refusal rate of those participants who returned parental consent forms varied by district, ranging from 5% to 10%. (58)
>
> 親の同意書を返送してきた参加者の拒否率は地域によって異なり，5%から10%の範囲であった．

■ 一部の参加者が，インフォームドコンセントが得られないなどにより除外されたことを述べる．

N% of potential participants were excluded from the survey [/study] because of refusal to consent by X.

参加者になる可能性のある人たちの中のN%は，Xによる同意が得られなかったために除外された．

> Only 3% of potential participants were excluded from the study because of refusal to consent by parents or other legal caregivers, and none of the youth who were approached refused assent. (22)
>
> 参加者になり得る人たちの中の3%だけは，親あるいは法律上の介護者による同意を得られなかったために除外された．話を持ちかけられた若者は一人も同意を拒まなかった．

5.1.10 より大きいサンプルとの関係

■ サンプルが代表的であることを述べる．

Overall, the demographics of the X samples at the N Y schools were representative of their respective X populations.

全体的に，N の Y 学校の X サンプルの人口統計は，それぞれの X の母集団を代表するものであった．

> Overall, the demographics of the student samples at the two high schools were representative of their respective student populations. (3)
>
> 全体的に，2 つの高校の学生サンプルの人口統計は，それぞれの学生母集団を代表するものであった．

5.1.11 参加者のグループ分け

■ 参加者のグループ分けについて述べる．

We categorized participants who scored about the Lth percentile (greater than A) of the distribution on the X Scale as high in Y, and those who scored between the Mth (B) and Nth percentiles (C) of the distribution as moderate in Y.

我々は，X 尺度の分布の L パーセンタイル以上（A 点以上）の参加者を高い Y，M パーセンタイル（B 点）から N パーセンタイル（C 点）の間の参加者を中程度の Y と分類した．

> We categorized participants who scored above the 75th percentile (greater than 36) of the distribution on the Rosenberg Self-Esteem Scale (Rosenberg, 1965) as high in self-esteem ($M = 38.4$) and those who scored between the 25th (28) and 50th percentiles (32) of the distribution as moderate in self-esteem ($M = 30.4$). (25)
>
> 我々は，Rosenberg の自尊心尺度（Rosenberg, 1965）の分布の 75 パーセンタイル以上（36 点以上）の参加者を高い自尊心（$M = 38.4$），25 パーセンタイル（28 点）から 50 パーセンタイル（32 点）の間の参加者を中程度の自尊心（$M = 30.4$）と分類した．

5.1.12 参加者の匿名性と機密性

■ 参加者に機密が守られることを告げたことを述べる．

Participants were informed that their Xs were confidential and would not be connected to their names or e-mail addresses.

参加者には，彼らの X については機密が守られ，名前や電子メールアドレスとは結びつけられないことが告げられた．

> Participants were informed that their responses were confidential and would not be connected to their names or e-mail addresses. (39)

参加者には，彼らの反応については機密が守られ，名前や電子メールアドレスとは結びつけられないことが告げられた

5.1.13 事例研究の参加者
■ 治療を受けている参加者について述べる．

X was a N-year old Y being treated for A at B.

X は，B において A の治療を受けている N 歳の Y であった．

> Roy was a 70-year-old man being treated for major depression in individual psychotherapy at his local hospital's outpatient mental health center. (29)
>
> Roy は，地元の病院の外来メンタルヘルスセンターで大うつ病により個人的サイコセラピーを受けている 70 歳の男性であった．

5.1.14 被験体（動物）
■ 動物実験で，動物種と体重について述べる．ケージについて述べる．

Experimentally naïve X ($N = A$) were B to C g at the time of delivery. They were individually housed in a temperature and humidity controlled colony in D.

実験的にナイーブな X ($N = A$) は，配達時の体重が B から C g であった．それらの X は，温度と湿度が制御された飼育地域内で，D の中で，個別に飼育された．

> Experimentally naïve male Sprague-Dawley rats ($N = 143$) were 250 to 300 g at the time of delivery. They were individually housed in a temperature and humidity controlled colony on a 12-hr light-dark cycle in plastic cages 48.3 × 24.1 × 21.0 cm (l × w × h) with stainless steel lids. (49)
>
> 実験的にナイーブなオスの Sprague-Dawley ラット ($N = 143$) は，配達時の体重が 250 から 300 g であった．それらのラットは，温度と湿度が制御された飼育地域内で，ステインレス・スチール製の蓋のついた長さ 48.3 × 幅 24.1 × 高さ 21.0 cm のプラスチック製ケージの中で，12 時間の明暗サイクルで個別に飼育された．

■ 動物実験において，食物と水がどのように与えられたかを述べる．

X was presented in Y food cups [with lids]. Water was available in Z bottles [fitted with drip-proof stainless steel stoppers].

X は，[蓋付の] Y 製の食物カップ内に提示された．水は [防滴型のステンレススチール製の栓が取り付けられた] Z 製の瓶から摂取が可能であった．

> Chow was presented in stainless steel food cups with lids. The food cups were clipped to the cage floors to prevent spillage. Water was available in glass bottles fitted with drip-proof stainless steel stoppers. (33)
>
> 固形飼料は，蓋付きのステンレススチール製の食物カップ内に提示された．

その食物カップは，こぼれないように飼育ケージの床に固定されていた．水は，防滴型のステンレス・スチール製の栓が取り付けられたガラス瓶から摂取が可能であった．

■ APA の要求する動物の倫理的取り扱いについて述べる（標準的表現）．

> The Xs received a diet of Y. The care and experimental treatment of the Xs followed local and federal regulations concerning humane care and treatment.
>
> X たちは，Y の食事をもらった．X の世話と実験的な取り扱いは，人道的な世話と取り扱いに関する地方条例および連邦規則に従って行われた．
>
>> The monkeys received a diet of Purina monkey chow and fruit. The care and experimental treatment of the monkeys followed local and federal regulations concerning humane care and treatment.　(34)
>>
>> サルたちは，Purina 社製のサル飼料と果物を与えられた．サルの世話と実験的な取り扱いは，人道的な世話と取り扱いに関する地方条例および連邦規則に従って行われた．

5.2 装　　　置

5.2.1 実験装置

■ 装置の使用とその性能について述べる．

> The Xs were presented in a Y, described in detail by Author (Year). This instrument permits Z ranging from A s to B min.
>
> X が，著者（発表年）に詳細に記述されている，Y により提示された．この装置では，A 秒から B 分間の範囲の Z を実行することが可能であった．
>
>> The 12 word pairs were presented in a modified Dodge tachistoscope, described in detail by Karlin (1955). This instrument permits exposure durations ranging from .001 s to 2 min.　(18)
>>
>> 12 個の単語のペアが，Karlin (1955) の中で詳細に記述されている，改造された Dodge 社のタキストスコープにより提示された．この装置では，0.001 秒から 2 分間の範囲の露出時間を実行することが可能であった．

■ 迷路について述べる．

> The N-arm X maze is a Y maze (Manufacturer, City, Prefecture/State, Country) consisting of N equally spaced arms radiating from a central platform. Each arm is A cm long, B cm high, and C cm wide.
>
> N 本のアームの X 迷路とは，中央プラットフォームから等間隔で放射状に広がる N 本のアームからなる Y 迷路（製造会社，市，県/州，国）である．各アームの大きさは，長さ A cm，高さ B cm，幅 C cm であった．

The eight-arm radial maze is a computer-monitored plexiform maze (Columbus Instruments, Columbus, OH, USA) consisting of eight equally spaced arms radiating from an octagonal central platform. Each arm is 42 cm long, 11.4 cm high, and 11.4 cm wide. (50)

8本のアームの放射状迷路とは，八角形の中央プラットフォームから等間隔で放射状に広がる8本のアームからなる，コンピュータでモニターされた叢状迷路 (Columbus Instruments, コロンバス市，オハイオ州，合衆国) である．各アームの大きさは，長さ42 cm, 高さ11.4 cm, 幅11.4 cmであった．

5.2.2　コンピュータ

■ ラップトップコンピュータを用いたことを述べる．

The experiment was run on a[n] X laptop computer connected to a stand-alone flat panel Y LCD monitor with an effective display area of A × B cm and a screen resolution of E × F.

実験は，有効面積が A × B cm で画面解像度が E × F の，Y の独立型フラットパネル LCD モニターに接続された，X のラップトップコンピュータで行われた．

> The experiment was run on a Sony Vaio laptop computer (F808K and GRX315MP) connected to a stand-alone flat panel Taxan CV600 LCD monitor with an effective display area of 21.5 × 16 cm and a screen resolution of 640 × 480. (37)
>
> 実験は，有効面積が 21.5 × 16 cm, 画面解像度が 640 × 480 の，Taxan 社製の独立型フラットパネル CV600 LCD モニターに接続された，Sony 製の Vaio のラップトップコンピュータ (F808K と GRX315MP) で行われた．

■ 実験があるソフトウェアを用いてプログラムされたことを述べる．

The experiment was programmed and run with the use of X.

実験は，X を用いてプログラムされ，実行された．

> The experiment was programmed and run with the use of E-Prime. (14)
>
> 実験は，E-Prime を用いてプログラムされ，実行された．

5.3　材料・刺激・薬品

5.3.1　材料

■ 課題で用いられた材料について述べる．

The following materials were presented on a X in standard positions in front of the participants: A, B, C, and D.

以下の材料が，参加者の前にある X 上の標準的な位置に提示された．すなわち，

A, B, C, および, D であった.

The following materials were presented on a table in standard positions in front of the participants: a round thumbtack box, approximately 50 thumbtacks, a rectangular pocket-size matchbox, approximately 35 safety matches, and one wax candle. (18)

以下の材料が，参加者の前にあるテーブル上の標準的な位置に提示された．すなわち，丸い画鋲の箱，約50個の画鋲，長方形のポケットサイズのマッチ箱，約35本の安全マッチ，および，1本のろうそくであった．

■ 課題で用いられたテスト項目について述べる.

Test items consisted of X.

テスト項目は X であった.

Test items consisted of equivalents of the training overlap exemplars and were made by skewing the features of training items 20° clockwise and 20° counterclockwise, producing two skewed versions of each feature. (24)

テスト項目は訓練時の重複事例と同じ物であり，訓練項目の各特徴を時計回りに20度，および，反時計回りに20度曲げることで，それぞれの特徴を曲げた2つのバージョンが作られた．

5.3.2 刺激

■ 課題で用いられた刺激について述べる.

The experimental stimuli consisted of X.

実験刺激は, X であった.

The experimental stimuli consisted of two sets of eight plastic stacking cups (children's toys), spray-painted black. The cups in these sets ranged in diameter from 5.08 cm to 8.89 cm. (34)

実験刺激は，スプレーで黒く塗装された8個のプラスチック製積み重ねカップ（子供用のおもちゃ）の2セットであった．これらのセットの中のカップは，直径が5.08 cm から 8.89 cm であった．

■ 言語刺激をコンピュータディスプレイ上に呈示したことを述べる.

The Xs were presented on the center of a computer screen in P Y N-point font, on a Q background.

コンピュータ画面の中央に，X が，Q 色の背景上に，P 色の Y の N ポイントのフォントで提示された．

The words were presented on the center of a computer screen in white Times New Roman 48-point font, on a black background. (7)

コンピュータ画面の中央に，単語が，黒い背景上に白色の Times New Roman の48ポイントのフォントで，提示された．

■ 視覚刺激の呈示時間について述べる．

Each item was presented for M ms followed by N-ms fixation.

各項目は M ms の間呈示され，その後，N ms の注視時間が設定された．

> Each item was presented for 4,500 ms followed by a 500-ms fixation. (12)
>
> 各項目は 4,500 ms の間呈示され，その後，500 ms の注視時間が設定された．

5.3.3 薬品

■ 動物の薬物実験で，薬物の入手方法と製剤について述べる．

X was purchased from Y (City, Prefecture/State [, Country]), dissolved in saline (A% NaCl) and injected intraperitoneally at a volume of B ml/kg.

X は Y 社（市，県/州，[国]）から購入され，生理食塩水（A%の NaCL）に溶かされて，B ml/kg の量で腹腔内に注射された．

> Cocaine hydrochloride was purchased from Sigma Chemicals (St. Louis, MO), dissolved in saline (0.9% NaCl) and injected intraperitoneally at a volume of 1 ml/kg. (49)
>
> 塩酸コカインはシグマ・ケミカルズ社（ミズーリ州，セントルイス）から購入され，生理食塩水（0.9%の NaCL）に溶かされて，1 ml/kg の量で腹腔内に注射された．

5.3.4 課題

■ 課題の内容について述べる．

The participants' task was to XXX.

参加者の課題は，XXX することであった．

> The participants' task was to retrieve and briefly describe a specific personal memory, in response to each cue word. (36)
>
> 参加者の課題は，各手がかり語に対して特定の個人的記憶を想起し，簡潔に記述することであった．

■ 参加者に問題を解くことを求めたことを述べる．

We asked X to solve M sets of N Y problems.

X に，N 個の Y 問題の M セットを解くことを求めた．

> We asked children to solve two sets of six mathematical equivalence problems. (5)
>
> 子供たちに，6 個の数学的な等価性問題の 2 セットを解くことを求めた．

5.4 教　　　示

5.4.1　教示の内容

■ 実験条件で参加者に与えられた教示を述べる．

In the X condition, participants received the following instruction:
　　　YYY.

X 条件では，参加者は以下の教示を受けた：
　　　YYY（教示を改行・字下げして示す）．

In the faking condition, participants received the following instruction:
　　　Imagine that you were applying for a job in a large international consulting company. To get this job, you should try to make a very good impression.　（13）

だまし条件では，参加者は以下の教示を受けた．
　　　あなたは国際的なコンサルティング会社での仕事に応募していると想像してください．あなたは，この仕事を手に入れるために，良い印象を与えるようにしなければなりません．

■ 課題内容についての教示を述べる．

Participants were told at the start of training [/the experiment] that their task was to XXX.

参加者は，訓練[/実験]の開始時に，彼らの課題は XXX することであると伝えられた．

　　　Participants were told at the start of training that their task was to learn a set of four species of imaginary animals.　（24）
　　　参加者は，訓練開始時に，彼らの課題は 4 つの架空の動物種の組を学習することであると伝えられた．

5.4.2　教示の操作

■ 条件や群により異なる教示が与えられたことを述べる．

Children in the X group (n = M) were asked [/told] to AAA; children in the Y group (n = N) were asked [/told] to BBB.

X 群（n = M）の子供たちは AAA を求められた．Y 群（n = N）の子供たちは，BBB を求められた．

　　　Children in the told-to-gesture group（n = 33）were asked to use their hands when they explained how they solved the problems; children in the told-not-to-gesture group（n = 35）were asked to keep their hands still when explaining their solutions. (5)

ジェスチャー指示群（*n* = 33）の子供たちは，問題の解き方を説明するときに，手を使うことを求められた．ジェスチャー非指示群（*n* = 35）の子供たちは，解法を説明するときに，手を動かさないことを求められた．

5.4.3　教示の呈示法

■ 教示をコンピュータ画面上に呈示したことを述べる．

Task instructions were presented on a [/the] screen in white on black (N point X).

課題教示は，黒字に白色の文字（N ポイントの X）で画面上に提示された．

> Task instructions were presented on the screen in white on black (12 point Arial). (56)
>
> 課題教示は，黒字に白色の文字（12 ポイントの Arial）で画面上に提示された．

5.5　場　　所

■ 実験が行われた場所を述べる．

The experiment took place in X, on [/at] Y.

実験は，Y にある X で行われた．

> The experiment took place in a flat grassy field without obstructions on the UCSB campus.　(42)
>
> 実験は，カリフォルニア大学サンタバーバラ校（UCSB）の構内の建築物のない平らな芝生上で行われた．

5.6　データ

5.6.1　反応

■ 反応をある指標として測定したことを述べる．

X was measured as the ability to Y.

X は，Y を行う能力として測定された．

> Source recollection was measured as the ability to remember the color associated with each item.　(12)
>
> 情報源の想起は，各項目と結びついた色を思い出す能力として測定された．

5.6.2 観察・報告

■ 観察がビデオに記録されたことを述べる.

A video camera was used to record X to allow playback for scoring purposes.
後で再生し得点化できるように，ビデオカメラを用いて X が録画された．

> A video camera was used to record testing sessions to allow playback for scoring purposes. (34)
>
> 後で再生し得点化できるように，ビデオカメラを用いてテストセッションが録画された．

■ 言語的な報告をデータとして使用したことを述べる.

In this study, we measured X in N ways. First, we tapped Y. Second, we measured Z.
本研究において，我々は，X を N 通りの方法で測定した．まず，Y をテープに録音した．さらに，Z を測定した．

> In this study, we measured middle and high school students' sense of community at school in two ways. First, we tapped their reports of the general climate and relationships among students at school. Second, we measured students' personal assessment of how they and their friends fit into the culture of their schools. (58)
>
> 本研究において，我々は，中学生と高校生の学校におけるコミュニティ感覚を2つの方法で測定した．まず，校風についての学生の報告と学校における学生関係についての学生の報告をテープに録音した．さらに，学生本人や学生の友達たちが学校の文化に合っているかどうかについての学生の個人的な評価を測定した．

5.7 心理検査

5.7.1 内容・目的

■ 心理検査の実施と目的について述べる.

X tests were administered to assess Y.
X 検査が，Y を評価するために行われた．

> A number of neuropsychological tests were administered to assess basic cognitive abilities. (47)
>
> 数多くの神経心理学的検査が，基本的な認知能力を評価するために行われた．

■ 質問紙（目録）について述べる.

The X Inventory is a well-validated, N-item, self-report measure of Y (Author, year).

X 目録は，妥当性が十分に確認されている，Y についての N 項目からなる自己報告型の測度である（著者，発表年）．

> The Brief Symptom Inventory（BSI）is a well-validated 53-item self-report measure of psychological distress（Derogatis & Melisaratos, 1983）. (32)
>
> 短期的症状目録（BSI）は，妥当性が十分に確認されている，心理的苦痛についての 53 項目からなる自己報告型の測度である（Derogatis & Melisaratos, 1983）．

■ 質問紙に回答したことを述べる．

Participants completed a questionnaire that included items designed to XXX.
参加者は XXX を行うために考案された項目を含む質問紙に回答した．

> Participants subsequently completed a questionnaire that included items designed to facilitate the believability of the cover story. (6)
>
> 引き続いて，参加者は，作り話のもっともらしさを促進するために考案された項目を含む質問紙に回答した．

■ あることを質問紙で評価したことを述べる．

X was assessed using the Y（abbreviation for Y; Author, year）.
X は，Y（略語；著者，発表年）により評価された．

> Quantity of alcohol consumption was assessed using the Daily Drinking Questionnaire（DDQ; Collins, Parks, & Marlatt, 1985）. (39)
>
> アルコール消費量は，日常的飲酒質問紙（DDQ；Collins, Parks, & Marlatt, 1985）により評価された．

■ 有名な測度の修正版を用いたことを述べる．

X was assessed using a modified version of a widely used measure developed by Author（year）.
X は，著者（発表年）により開発され，広く用いられている尺度の修正版を使って査定された．

> Risk perception was assessed using a modified version of a widely used measure developed by Benthin, Slovic, and Severson（1993）. (57)
>
> リスク認知は，Benthin, Slovic, および, Severson（1993）により開発され，広く用いられている尺度の修正版を使って査定された．

■ 尺度の出典を表す．

The X（abbreviation for X）was adapted by Author-A（year）from the Y originally developed by Author-B（year）.
X（X の略語）は，もともと著者 B（発表年）によって開発された Y を，著者 A（発表年）が改訂したものである．

> The Resource Loss Scale for Children（RLSC）was adapted by Jones and

Ollendick (1994) from the Resources Questionnaire originally developed by Freedy et al. (1992). (3)

子供用資源損失尺度（RLSC）は，もともと Freedy ら（1992）によって開発された資源質問紙を，Jones と Ollendick（1994）が改訂したものである．

■ 質問紙（目録）について述べる．

The N-item version of the Author (year) X Inventory was used to measure Y. This is a widely used measure with high internal consistency (α = A).

著者（発表年）の X 目録の N 項目版が，Y を測るために用いられた．これは，内的整合性が高く（α = A），広く用いられている尺度である．

The ten-item version of the Rosenberg (1965) Self-Esteem Inventory was used to measure students' self-esteem. This is a widely used measure with high internal consistency (α = .85). (3)

Rosenberg (1965) の自尊心目録の 10 項目版が，学生の自尊心を測るために用いられた．これは，内的整合性が高く（α = .85），広く用いられている尺度である．

■ 知能検査を用いたことを述べる．

The X was used to produce an estimate of Y, based on Z.

X が，Z に基づいて Y を推定するために用いられた．

The Wechsler Abbreviated Scale of Intelligence (WASI) Full-Scale IQ Two-Subtest (FSIQ-2) was used to produce an estimate of general intellectual ability based on two (Vocabulary and Matrix Reasoning) of the four subtests. (57)

ウェクスラー短縮版知能検査（Wechsler Abbreviated Scale of Intelligence：WASI）の全検査 IQ の 2 つの下位検査（Full-Scale IQ Two-Subtest：FSIQ-2）が，4 つの下位検査中の 2 つの下位検査（単語と行列推理）に基づいて一般的知能を推定するために用いられた．

5.7.2 リッカート法

■ リッカート法を用いて頻度を測定したことを述べる．

Respondents were asked to report, on a N-point scale, how often they had experienced (a) A, (b) B, (c) C, (d) D, and (e) E.

回答者は，(a) A, (b) B, (c) C, (d) D, および，(d) E をどれくらいの頻度で経験するかを，N 点の尺度上で答えるように求められた．

Respondents were asked to report, on a 7-point scale, how often they had experienced (a) headaches, (b) inability to concentrate, (c) colds, (d) sore throats, and (e) dizziness. (52)

回答者は，どれくらいの頻度で (a) 頭痛, (b) 集中不能, (c) 風邪, (d) のどの痛み, および, (e) 目眩を経験するかを，7 点の尺度上で答えるように求

められた.

■ リッカート法を用いて同意－不同意を測定したことを述べる.

Participants had to rate on a scale ranging from 1（completely disagree）to N（completely agree）the extent to which they agreed with X.

参加者には，X に同意する程度を，1（完全に不同意）から N（完全に同意）までの評価尺度で評価することが求められた.

> Participants had to rate on a scale ranging from 1（completely disagree）to 7（completely agree）the extent to which they agreed with the statements. (59)
>
> 参加者には，記述に同意する程度を，1（完全に不同意）から 7（完全に同意）までの評価尺度で評価することが求められた.

■ リッカート法の選択肢について述べる.

The X uses a[n] N-point Likert-type scale for Y ranging from A to B, and not at all C to extremely C for Z

X は，Y について「A」から「B」まで，Z について「まったく C でない」から「かなり C である」までの N 段階のリッカート型の尺度を用いる.

> The GED uses a 6-point Likert-type scale for exposure to discrimination ranging from never to almost all of the time, and not at all stressful to extremely stressful for stress associated with each type of discrimination. (32)
>
> GED は，差別経験について「まったくない」から「ほぼいつもある」まで，それぞれの差別のタイプについて「まったくストレスを感じない」から「極めてストレスを感じる」までの 6 段階のリッカート型の尺度を用いている.

（訳者注：GED；general ethnic discrimination scale，全般的民族差別尺度）

5.7.3　標準化・下位尺度・複合尺度

■ 測度が標準化されたことを述べる.

All measures were standardized with a mean of N and [a] standard deviation of M.

すべての測度は，平均が N で標準偏差が M となるように標準化された.

> All measures were standardized with a mean of 0 and standard deviation of 1. (38)
>
> すべての測度は，平均が 0 で標準偏差が 1 となるように標準化された.

■ 因子分析を用いて尺度を構成したことを表わす.

Participants' scores on scales assessing X and Y were constructed on the basis of the factor analysis results.

因子分析の結果に基づいて，X と Y を評価する尺度における参加者の得点が構成された.

> Participants' scores on scales assessing attitudes toward social policies (i.e., social

conservatism attitudes) and economic policies (i.e., economic competition attitudes) were constructed on the basis of the factor analysis results. (9)

因子分析の結果に基づいて，社会政策（すなわち，社会的保守主義態度）と経済政策（すなわち，経済的競争態度）に対する態度を評価する尺度における参加者の得点が構成された．

■ 項目を複合して指標を作成したことを述べる．

A[n] X index was formed by combining N items: (a) A, (b) B, and (c) C.

X 指数が，(a) A, (b) B, (c) C, という 3 つの項目を組み合わせることにより形成された．

An intrinsic job dissatisfaction index was formed by combining three items: dissatisfaction with (a) the autonomy level, (b) opportunities for professional growth, and (c) opportunities for the implementation of valued educational goals. (52)

仕事本来の不満足指数が，(a) 自主性のレベルについての不満，(b) 職業的に成長する機会についての不満，および，(c) 価値ある教育目標を達成する機会についての不満という 3 つの項目を組み合わせることにより形成された．

5.7.4 逆転項目

■ 逆転項目を用いた測度について述べる．

The X (α = A) measure consisted of N items, which were reverse coded.

X 測度（α = A）は N 個の項目から成り立っており，それらは逆転項目であった．

The Personal Belonging (α = .56) measure consisted of two items, which were reverse coded. (58)

個人的所属測度（α = .56）は，2 つの項目から成り立っており，それらは逆転項目であった．

5.7.5 試行後質問紙

■ 試行後質問紙について述べる．

After each of the N trials, participants were given the same post-trial questionnaire.

N 試行のそれぞれの後で，参加者に同一の試行後質問紙が与えられた．

After each of the four trials, participants were given the same post-trial questionnaire. (54)

4 試行のそれぞれの後で，参加者に同一の試行後質問票が与えられた．

5.7.6 具体的な質問項目

■ 項目の実際の言葉遣いについて述べる．

The item assessing X read, [/read as follows:] "YYY?"

X を評価する項目は，「YYY ですか？」という内容であった．

> The item assessing immanent justice reasoning read, "To what extent do you feel Roger Wilson's winning of the lottery was the result of the kind of person he is?" which was anchored from 1 (not at all) to 7 (a great deal). (6)
>
> 内在的正義推論を評価する項目は，「ロジャーウィルソンが宝くじに当たったのは，どの程度，彼の人柄の結果であると感じますか？」という内容であり，1（全くそうではない）から 7（かなりの程度）までの間で評価された．

5.7.7 テストバッテリー

■ テストバッテリーの内容について述べる．

The battery included measures of A, B, and C.

テストバッテリーは，A，B，C という測度を含んでいた．

> The battery included measures of tinnitus distress and disability, anxiety and depression symptoms, and problems with sleep. (28)
>
> テストバッテリーは，耳鳴りの苦痛と障害，不安とうつ症状，および，不眠の測度を含んでいた．

5.7.8 時間・方法

■ テストにかかった時間を述べる．

The test battery took approximately N hr [/min] to administer.

テストバッテリーを実施するのに，およそ N 時間 [/分間] を要した．

> The test battery took approximately 6 hr to administer. (47)
>
> テストバッテリーを実施するのに，およそ 6 時間を要した．

■ 調査票を授業で配布したことを述べる．

Surveys were distributed to Nth-Mth grade students via their L-min X classes in the Y [season] of Z [year].

調査は，Z 年の Y の季節に，L 分間の X の授業において，N 年生から M 年生の生徒に配布された．

> Surveys were distributed to 7th-12th grade students via their 45-min social studies classes in the spring of 2004. (58)
>
> 調査は，2004 年春に，45 分間の社会研究の授業において，7 年生から 12 年生の生徒に配布された．

5.7.9　妥当性と信頼性

■ 妥当性と信頼性が確立されていることを述べる．

Previous studies (Author, year) established the reliability and validity of the X.

先行研究（著者，発表年）が，X の信頼性と妥当性を確立した．

> Previous studies (D. Shwalb & B. Shwalb, 1985; Zander, 1971) established the reliability and validity of the two orientation scales.　(54)
>
> 先行研究（D. Shwalb and B. Shwalb 1985；Zander 1971）が，2 つの態度尺度の信頼性と妥当性を確立した．

■ 検査が優れた内的整合性，妥当性，信頼性を持つことを述べる．

Previous research has indicated that the X demonstrates high internal consistency (α = A–B), N-month test-retest reliability (r = C–D) and validity (Authors, Year).

X が高い内的整合性（α = A–B），N ヶ月離れたテスト・再テスト信頼性（r = C–D），および，妥当性を示すことが，これまでの研究により明らかにされてきた（著者，発表年）．

> Previous research has indicated that the GED demonstrates high internal consistency (α = .94 – .95), 1-month test-retest reliability (r = .95 – .96) and validity (Klonoff & Landrine, 1999, 2000; Landrine & Klonoff, 1996, 2000; Landrine et al., 2006).　(32)
>
> GED が高い内的整合性（α = .94 – .95），1 ヶ月離れたテスト・再テスト信頼性（r = .95 – .96），および，妥当性を示すことが，これまでの研究により明らかにされてきた（Klonoff & Landrine, 1999, 2000；Landrine & Klonoff, 1996, 2000；Landrine et al., 2006）．
>
> （訳者注：GED；general ethnic discrimination scale，全般的民族差別尺度）

■ 内的整合性の程度について述べる．

The scale showed excellent [/adequate/moderate/low] internal consistency (α = A).

この尺度は，優れた [/十分な/中程度の/低い] 内的整合性を示した（α = A）．

> The scale showed excellent internal consistency (α = .94).　(36)
>
> この尺度は，優れた内的整合性を示した（α = .94）．

■ 測度が内的，収束，弁別，および，増分妥当性を持つことを述べる．

The measure has [previously] demonstrated adequate internal, convergent, discriminate, and incremental validity (Author, year).

この測度は，十分な内的，収束，弁別，および，増分妥当性を持つことが [以前に] 例証されている（著者，発表年）．

> The measure has demonstrated adequate internal, convergent, discriminate, and

incremental validity (Snyder et al., 1991). (45)

この測度は，十分な内的，収束，弁別，および，増分妥当性を持つことが例証されている (Snyder et al., 1991).

■ 測度が頑健であることを述べる．

X have robust psychometric properties.

X は頑健な心理尺度的性質を持っている．

These measures have robust psychometric properties. (28)

これらの測度は，頑健な心理尺度的特性を持っている．

5.8 研究デザイン

5.8.1 独立変数と従属変数

■ 独立変数の操作について述べる．

X was manipulated by offering different Y and the A was controlled by B.

X は，異なる Y を提示することにより操作され，A は B により制御された．

Drive was manipulated by offering different incentives and the response hierarchies were controlled by the manner in which the problem was arranged. (18)

動因は異なる誘因を提示することにより操作され，反応ヒエラルキーは問題の配置の仕方により制御された．

■ 従属変数とされた測度について述べる．

X and Y served as dependent measures.

X と Y が従属測度とされた．

Self-reported tinnitus interference and the Digit-Symbol subtest served as dependent measures. (28)

自己報告による耳鳴りの干渉性と数字記号の下位検査が従属測度とされた．

5.8.2 条件の設定

■ 条件の設定について述べる．

In the first condition, XXX. In the second condition, YYY.

第 1 条件では，XXX．第 2 条件では，YYY．

In the first condition, participants read that prior to the accident Donald was involved in an extramarital affair with a female travel agent he met at a company party. In the second condition, Donald did not have an extramarital affair but had dealt with the agent to purchase a similar vacation for his family. (6)

第 1 条件では，参加者は，事故の前に Donald は会社のパーティであった旅行社の女性社員と不倫関係にあったと読まされた．第 2 条件では，Donald は不倫をしていたのではなく，家族のために同じような休暇旅行を購入しようとして，その社員と商談をしていた，と読まされた．

5.8.3　ブロックデザイン

■ ブロックデザイン（実験ブロックと統制ブロック）について述べる．

The experimental blocks were followed by a control block of trials in which the participants were asked to XXX.

実験ブロックの後には，統制ブロックの試行が行われ，そこでは参加者に XXX することが求められた．

> The experimental blocks were followed by a control block of trials in which the participants were asked to not perform the letter search task and to just detect the CS.　(43)

> 実験ブロックの後には，統制ブロックの試行が行われ，そこでは，文字探索課題を行わず CS を検出することだけが参加者に求められた．

■ ブロックデザイン（第 1 ブロックと第 2 ブロック）について述べる．

In Block 1, participants XXX. In Block 2, they YYY.

第 1 ブロックでは，参加者は XXX を行った．第 2 ブロックでは，参加者は YYY を行った．

> In Block 1, participants practiced the target concept discrimination by categorizing stimuli into self and other categories. In Block 2, they did the same for the attribute discrimination by sorting items into anxiety and calmness categories.　(13)

> 第 1 ブロックでは，参加者は，刺激を自己と他者のカテゴリーに分類することにより，標的概念弁別を練習した．第 2 ブロックでは，参加者は，項目を不安と冷静のカテゴリーに分類することにより，属性弁別について同じ練習を行った．

5.8.4　2 要因のデザイン

■ 2 要因デザインについて述べる．

The experiment had a 2 (X: A/B) × 2 (Y: C/D) design.

実験は，2 (X：A か B か) × 2 (Y：C か D か) のデザインで行われた．

> The experiment had a 2 (team reflection: yes/ no) × 2 (task representations: not all appropriate/ all appropriate) design.　(59)

> 実験は，2（チーム反省：あり/なし）× 2（課題表象：全てが適切とは限らない/全てが適切である）のデザインで行われた．

5.8.5　条件への割り当て

■ 参加者のランダム配置を述べる．

Participants were randomly assigned to a[n] X condition or a control condition.

参加者は，X 条件と統制条件にランダムに割り当てられた．

> Participants were randomly assigned to a faking condition or a control condition. (13)
>
> 参加者は，偽り条件と統制条件にランダムに割り当てられた．

■ ある人数の子供たちを実験条件へ配置したことを述べる．

N children [/participants] between A and B months were assigned to the X condition (C boys, D girls) and the Y condition (E boys, F girls).

A から B 月齢の N 名の子供たち [/参加者たち] が，X 条件 (C 名の少年，D 名の少女) と Y 条件 (E 名の少年，F 名の少女) に配置された．

> Seventy-two children aged between 17.7 and 46.7 months were allocated to the extinction condition (18 girls, 18 boys) and the reacquisition condition (17 girls, 19 boys). (37)
>
> 17.7 から 46.7 ヶ月齢の 72 名の子供たちが，消去条件 (18 名の少女，18 名の少年) と再獲得条件 (18 名の少女，18 名の少年) に配置された．

5.8.6　参加者のマッチング

■ まれな参加者を除外することで，参加者群を同等にそろえたことを述べる．

To make the groups as comparable as possible, we eliminated the few X who YYY.

これらの群をできるだけ同等にするために，我々は YYY であった数少ない X を研究から除外した．

> To make the groups as comparable as possible, we eliminated the few children who solved any problems correctly from the study. (5)
>
> これらの群をできるだけ同等にするために，我々はどんな問題も正確に解いた数少ない子供を研究から除外した．

■ 統制群が，いくつかの次元で実験群とマッチさせられたことを述べる．

Control group participants [/Controls] were matched on A, B, C, and D.

統制群は，A，B，C，および，D について，マッチさせられた．

> Controls were matched on sex, race, birth date, Full Scale IQ, maternal age, and maternal education. (38)
>
> 統制群は，性別，人種，誕生日，全検査 IQ，母親の年齢，母親の教育について，マッチさせられた (訳者注：これらの次元で実験群と一致するように構成された)．

5.9 具体的な手続き

5.9.1 先行研究の手続きの利用
■ 方法が先行研究から採用されたことを述べる．

The method was adopted from Author (Year).
その方法は，著者（発表年）から採用された．

> The method was adopted from Rao, Hattiangady, and Shetty (2006). (50)
>
> その方法は，Rao, Hattiangady, & Shetty (2006) から採用された．

5.9.2 研究の実施者
■ 研究の実施者について述べる．

Xs were conducted by Y and Z.
X は，Y と Z により行われた．

> Interviews were conducted by paid full-time interviewers and advanced undergraduate and graduate student volunteers. (22)
>
> インタビューは，謝金を受けた専任のインタビュアー，および，高学年の学部学生と大学院の学生のボランティアにより行われた．

5.9.3 キー押し
■ キーを使った手続きについて述べる．

Participants were instructed to press the X key when AAA, and the Y key when BBB.
参加者には，AAA の時は X のキーを，BBB の時は Y のキーを押すように教示された．

> Participants were instructed to press the A key when the CS was absent and the S key when it was present. (43)
>
> 参加者には，CS がない時は A のキーを，CS がある時は S のキーを押すように教示された．

5.9.4 事後テスト
■ 紙と鉛筆による事後テストについて述べる．

After the X, children [/participants] were given a [paper-and-pencil] post-test containing Y.

X 後，子供 [/参加者] たちに，Y を含む [紙と鉛筆による] 事後テストが与えられた．

> After the lesson, children were given a paper-and-pencil posttest containing the same types of problems as those given at baseline, to assess the effect of the lesson. (5)
>
> 授業後に，子供たちには，授業の効果を評価するために，ベースラインで与えられたものと同じタイプの問題を含む紙と鉛筆による事後テストが与えられた．

5.9.5 小論を書かせる手続き

■ 小論を書かせる手続きについて述べる．

Participants completed an essay in which they described X.

参加者は，X について述べる小論を書いた．

> All participants completed an essay in which they described themselves and their strengths and weaknesses. (60)
>
> 全ての参加者は，自分自身と，自分の長所と短所について述べる小論を書いた．

5.9.6 内容分析

■ 内容分析（テキスト分析）について述べる．

We analyzed N tales [/stories/narratives] from A and M tales [/stories/narratives] from B. The classifications of these tales [/stories/narratives] are shown in Table L.

我々は，A の中の N 個のお話 [/物語/説話] と，B の中の M 個のお話 [/物語/説話] を分析した．これらのお話 [/物語/説話] の分類を表 L に示す．

> We analyzed 41 tales from the "Tohno Folktales" (Supplement 1) and 142 tales from the "Ghosts Tales of Japan" (Supplement 1). The classifications of these tales are shown in Table 2. (15)
>
> 我々は，「遠野物語」（付録 1）の中の 41 の物語と「日本の幽霊物語」（付録 1）の中の 142 の物語を分析した．これらの物語の分類を表 2 に示す．

5.9.7 得点

■ 点数の与え方について述べる．

A score of N was given when XXX. A score of M was given when YYY.

XXX の時には N 点が与えられた．YYY の時には，M 点が与えられた．

> A score of 1 was given when all information was completely ignored by all three

group members. A score of 2 was given when one of the members mentioned a crucial item of information. (59)

全ての情報が3名のメンバーに完全に無視された時には1点が与えられた．メンバーの1人が重要な情報項目について述べた時には，2点が与えられた．

5.9.8　基準の達成

■ 基準の達成まで手続きを繰り返したことを述べる．

This procedure was repeated until XXX.

この手続きは，XXX するまで繰り返された．

This procedure was repeated until the child had explained all six problems. (5)

この手続きは，子供が6個の問題の全てを説明し終わるまで，繰り返された．

5.9.9　参加者の分類

■ 参加者を分類する識別点について述べる．

Cut-off scores for the X/Y range were M for A, and N for B.

X域とY域の識別点は，AについてはM点，BについてはN点であった．

Cut-off scores for the borderline/abnormal range were 16 for total difficulties, and 6 for emotional symptoms. (2)

境界域と異常域の識別点は，全体的な困難性については16点，情動的な症候群については6点であった．

5.9.10　ディブリーフィング（研究内容の説明）

■ 研究終了後のディブリーフィングについて述べる．

Participants were then debriefed.

その後，参加者は，研究内容の説明を受けた．

Participants were then fully debriefed and thanked for their time. (6)

その後，参加者は，全ての研究内容について説明され，さらに，実験に時間を割いてくれたことを感謝された．

5.10　試行・ブロック・セッション

5.10.1　試行

■ 各参加者の試行数を述べる．

Training continued for N trials for every participant.

訓練は，各参加者について N 試行まで続けられた．

> Training continued for 200 trials for every participant.　(44)
>
> 訓練は，各参加者について 200 試行まで続けられた．

■ 例題試行，練習試行，および，実験ブロックからなる系列について述べる．

Participants performed N example trials and M practice trials, followed by L experimental blocks.

参加者は，N 回の例題試行と M 回の練習試行を行い，その後で，L 回の実験ブロックを行った．

> Participants performed 12 slow example trials and 24 practice trials, followed by eight experimental blocks.　(14)
>
> 参加者は，12 回のゆっくりとした例題試行と 24 回の練習試行を行い，その後で，8 回の実験ブロックを行った．

5.10.2　ブロック

■ 訓練ブロックの内容について述べる．

There were N training blocks, for each training block all M X were each presented once (L trials total), and there was random and ordered presentation of the Xs.

N 個の訓練ブロックが設けられ，それぞれの訓練ブロックについて M 個の X がそれぞれ 1 回呈示され（合計で L 試行），X についてはランダムな呈示と規則的な呈示が設定された．

> There were 10 training blocks, for each training block all 20 input values were each presented once (200 trials total), and there was random and ordered presentation of the input values.　(44)
>
> 10 個の訓練ブロックが設けられ，それぞれの訓練ブロック中に，20 個の入力値がそれぞれ 1 回呈示された（計 200 試行）．さらに，入力値については，ランダムな呈示と規則正しい呈示が設定された．

5.10.3 セッション

■ セッションと試行について述べる.

Each testing session consisted of N trials involving X and M trials involving Y, [presented] in random order.

各テストセッションは，ランダムな順序で呈示される，X を用いた N 回の試行と，Y を用いた M 回の試行から成り立っていた．

> Each testing session consisted of four trials involving yellow cubes (transfer trials) and seven trials involving black cups (familiar trials), in random order. (34)
>
> 各テストセッションは，ランダムな順序で呈示される，黄色の立方体を用いた 4 回の試行（転移試行）と，黒いカップを用いた 7 回の試行（熟知試行）から成り立っていた．

■ セッション間の間隔について述べる.

N to M weeks [/days/months] intervened between successive sessions.

連続するセッションは，N–M 週間［/日/月］の間隔を開けて行われた．

> Three to 4 weeks intervened between successive testing sessions. (18)
>
> 連続するテストセッションは，3–4 週間の間隔を開けて行われた．

5.10.4 順序の無作為化

■ 試行順序を無作為化したこと，および，課題にかかった時間を述べる.

The order in which the Xs were administered was randomized across Ys, and the task took approximately N min to complete.

X の順序は Y を通して無作為化された．課題の完了にはおよそ N 分間を要した．

> The order in which the trials were administered was randomized across participants, and the task took approximately 45 min to complete. (47)
>
> 試行の実施順序は参加者を通して無作為化された．課題の完了にはおよそ 45 分間を要した．

■ 条件の順序が，セッション内およびセッション間で無作為化されたことを表わす.

X performed under the following N M-minute conditions, randomized for order within and between sessions.

X は，セッション内およびセッション間で順番が無作為化された，以下の N 個の M 分間条件のもとで課題を行った．

> Specifically, boys performed under the following four 8-minute conditions, randomized for order within and between sessions. (54)
>
> 特に，男子学生は，セッション内およびセッション間で順番が無作為化され

た，以下の4つの8分間条件のもとで課題を行った．

5.10.5　カウンターバランス

■ 条件を組み合わせて作った試行を，カウンターバランスして呈示したことを述べる．

A counterbalanced set of N different Xs, employed across M blocks of L trials, consisted of Y.

カウンターバランスされた N 個の異なる X の組が，L 試行からなる M 個のブロックを通して用いられた．それら N 個の組は，Y から成り立っていた．

> A counterbalanced set of 144 different stimulus displays, employed across two blocks of 72 trials, consisted of each load condition (2), each of the target letters (2) in each of the letter circle positions (6), either with or without the CS in each position (6).　(43)
>
> カウンターバランスされた 144 個の異なる刺激表示の組が，72 試行からなる 2 つのブロックを通して用いられた．それら 144 個の刺激表示の組は，各負荷条件（2通り），各円形文字位置（6通り）の各標的文字（2通り），各位置での CS の有無（6通り）から成り立っていた．

■ 順序のカウンターバランスについて述べる．

The order of the N Xs was counterbalanced across [the] Ys.

N 個の X の順序は，Y の間でカウンターバランスされた．

> The order of the eight blocks was counterbalanced across participants.　(56)
>
> 8 個のブロックの順序は，参加者を通じてカウンターバランスされた．

5.10.6　実験や研究の長さ

■ 研究全体の長さと被験体の参加期間について述べる．

Testing occurred over a span of approximately N months, during which [time] subjects were tested between M and L days per week.

テストは約 N ヶ月の期間にわたって行われ，その期間中，被験体は 1 週間に M 日から L 日間テストされた．

> Testing occurred over a span of approximately 9 months, during which time subjects were tested between 4 and 7 days per week.　(34)
>
> テストは約 9 ヶ月の期間にわたって行われ，その期間中，被験体は 1 週間に 4 日から 7 日間テストされた．

5.11　予備的研究

■ 予備的研究の内容について述べる．

In a pilot study, N Xs completed Y questionnaires in which they were requested to describe Z.

予備的研究では，N 人の X が，Z について記述してもらう Y 形式の質問紙に答えた．

> In a pilot study, 53 junior high school teachers completed open-ended questionnaires in which they were requested to describe stressful situations experienced at work.　(52)
>
> 予備的研究では，53 人の中学校の教師が，仕事で経験するストレスの強い場面について記述してもらう自由回答形式の質問紙に答えた．

5.12　観察者による符号化

5.12.1　符号化

■ 目的を知らされない観察者が得点をつけたことを述べる．

X was determined by a blind [ed] observer.

X が，目的を知らされていない観察者によって決定された．

> The NSS was determined by a blinded observer.　(64)
>
> NNS が，目的を知らされていない観察者によって決定された．
>
> （訳者注：NNS；neurological severity score，神経学的重症度得点）

5.12.2　信頼性のチェック

■ 観察者間の信頼性チェックについて述べる．

Observers naïve to the experimental conditions conducted inter[-]observer reliability checks on X measures.

実験条件について先入的な知識のない観察者が，X の測度について観察者間の信頼性チェックを行った．

> Observers naïve to the experimental conditions conducted interobserver reliability checks on both measures.　(49)
>
> 実験条件について先入的な知識のない観察者が，両方の測度について観察者間の信頼性チェックを行った．

5.12.3 観察者間の一致度

■ 評定者間の一致度（カッパ係数）について述べる．

Good inter[-]rater agreement was obtained for X (κ = A) and for Y (κ = B).
X (κ = A)，および，Y について (κ = B)，評定者間に高い一致が得られた．

> Good interrater agreement was obtained for the categorization of specific versus nonspecific responses (κ = .87) and for the categorization of assault-relatedness (κ = .78).　(36)
>
> 特異的と非特異的反応の分類（κ = .87），および，暴行関連性の分類について（κ = .78），評定者間に高い一致が得られた．

5.13 操作チェック

■ 操作チェックとして評定を用いたことを述べる．

Participants' ratings of X served as a manipulation check.
参加者による X の評定が，操作チェックとして役立った．

> Participants' ratings of David's character on a 7-point scale ranging from 1 (very bad) to 7 (very good) served as a manipulation check.　(6)
>
> 参加者による，デイビッドの性格についての，1（とても悪い）から 7（とても良い）までの範囲の 7 点尺度上での評定が，操作チェックとして役立った．

5.14 インタビュー

■ インタビューの目的を述べる．

The purpose of the interview was to gain an understanding of (a) A; (b) B; and (c) C.
インタビューの目的は，(a) A，(b) B，および (c) C について，理解することであった．

> The purpose of the interview was to gain a qualitative understanding of (a) the participant's life experiences and perceptions of homelessness, (b) the participant's perceptions of his own masculinity, and (c) the social class concerns of this population.　(41)
>
> インタビューの目的は，(a) 参加者の人生経験とホームレスに対する認識，(b) 自分の男らしさについての参加者の認識，および，(c) この母集団の持つ社会的階層への関心について，質的に理解することであった．

■ インタビュアーの特徴を参加者の特徴とマッチさせたことを述べる．

Interviewers were matched with participants on A, B, and C.

インタビューを行う人は，参加者と，A，B，および，C が一致するようにマッチされた．

> Interviewers were matched with participants on race/ethnicity, gender, and language preference. (8)
>
> インタビューを行う人は，参加者と，人種や民族性，性別，および，選択する言語が一致するようにマッチされた．

5.15 ウェブ調査

■ ウェブ調査で，サンプルのタイプとサイズ，研究のタイプ，場所，タイミングなどをひとつの文章で述べる（dense でよい表現）．

A random sample of N students stratified across class year and equally portioned from two universities (a[n] A university and a[n] B university on [/located in] C) was invited to complete a web-based survey during the D semester.

学年ごとに分けられ，2 つの大学（C にある A 大学と B 大学）から等しく抽出された N 人の学生の無作為標本が，D 学期の間に，ウェブ上の調査に答えるように勧誘された．

> A random sample of 7,000 students stratified across class year and equally portioned from two universities (a private mid-size university and a large public university on the West Coast) was invited to complete a web-based survey during the fall semester of 2007. (39)
>
> 学年ごとに分けられ，2 つの大学（西海岸にある中規模の私立大学と大規模な公立大学）から等しく抽出された 7000 人の学生の無作為標本が，2007 年の秋学期の間に，ウェブ上の調査に答えるように勧誘された．

5.16 動物学習

5.16.1 倫理的ガイドラインの遵守

■ 手続きが倫理委員会により承認されたことを述べる．

All procedures were approved by the X committee.

全ての手続きは，X 委員会により承認された．

> All procedures were approved by the local IACUC committee and adhered to NIH standards. (31)
>
> 全ての手続きは，地域の IACUC により承認され，NIH の基準を厳守していた．

(訳者注：IACUC；the Institutional Animal Care and Use Committee．日本では動物実験委員会と呼ばれることが多い)

5.16.2　訓練手続き

■ 条件づけの第1段階について述べる．

During the first stage of X conditioning, YYY.

X条件づけの第1段階の間，YYY．

> During the first stage of appetitive conditioning, rats were placed in four visually distinct experimental chambers.　(10)
>
> 食欲条件づけの第1段階の間，ラットは，視覚的に異なる4つの実験箱に入れられた．

■ マウスの迷路実験において，迷路の探索，データの記録，迷路の清掃について述べる．

For the testing session N hours later, each mouse was returned to the center of the apparatus and, for a period of M min, was again free to explore the maze. Time in each X and X entries were recorded. No Ys were turned on during the testing. The maze was cleaned with Z before each training and testing session.

N時間後のテストセッションでは，各マウスは装置の中央に戻され，M分の間，迷路を再び自由に探索することができた．各Xに滞在した時間と入った回数が記録された．テスト中，Yは提示されなかった．迷路は，各訓練およびテストセッション前にZで清掃された．

> For the testing session 24 hours later, each mouse was returned to the center of the apparatus and, for a period of 3 min, was again free to explore the maze. Time in each arm and arm entries were again recorded. No cues were turned on during the testing. The maze was cleaned with 70% ethanol before each training and testing session.　(21)
>
> 24時間後のテストセッションでは，各マウスは装置の中央に戻され，3分の間，迷路を再び自由に探索することができた．各走行路に滞在した時間と入った回数が再び記録された．テスト中，手掛かり刺激は提示されなかった．迷路は，各訓練およびテストセッション前に70％エタノール溶液で清掃された．

■ 強化スケジュールについて述べる．

Initially, the fixed ratio (FR) was N (FR N) and gradually increased to FR M.

最初，定比率(FR)はN(FR N)とされ，段階的にFR Nまで増加された．

> Initially, the fixed ratio (FR) was one (FR 1) and gradually increased to FR 20.　(30)

最初，定比率（FR）は1（FR 1）とされ，段階的にFR 20まで増加された．

5.16.3 試行とセッション

■ 複数の刺激の中のひとつを用いたセッションについて述べる．

Xs received N session(s) of training with each of the M Y stimuli (A, B, C, and D).

X は，M個のY刺激（A，B，C，および，D）の中の各々を用いたNセッションの訓練を受けた．

On each day of training, rats received one session of training with each of the four visual stimuli (A, B, C, and D). (10)

各訓練日に，ラットは，A，B，C，Dという4つの視覚刺激の中の各々を用いた1セッションの訓練を受けた．

（訳者注：ここで，A，B，C，Dは，実験箱内でラットに呈示される視覚刺激に与えられた呼称である）

5.17 薬物・神経科学

■ 薬物実験における薬物の注入について述べる．

A volume of N ml/infusion was delivered over M s [/min].

1回の注射当たりN ml の量が，M秒［/分］間かけて注入された．

A volume of 2.0 ml/infusion was delivered over 7 s. (30)

（訳者注：s, min, hr や mm, cm, m などの測定単位の省略形にはピリオドをつけないことに注意）

1回の注射当たり2.0 ml の量が，7秒間かけて注入された．

■ 異なる動物群が異なる量の薬物を投与されたことを述べる．

There were three experimental groups: N animals received X, M animals received Y at a dose of A mg, and L animals received Z at a dose of B.

3つの実験群が設けられた．すなわち，N匹の動物がXを与えられ，M匹の動物がYをA mg の投与量で与えられ，そして，L匹の動物がZをB mg の投与量で与えられた．

There were three experimental groups: nine animals received saline vehicle ("aged vehicle"), nine animals received hydroxyfasudil (Sigma-Aldrich, St. Louis, MO) at a dose of 0.1875 mg ("aged low dose"), and nine animals received hydroxyfasudil at a dose of 0.3750 mg ("aged high dose"). (31)

3つの実験群が設けられた．すなわち，9匹の動物が生理食塩水の賦形剤を与えられ（老齢賦形剤群），9匹の動物が塩酸ファスジル（Sigma-Aldrich社，

セントルイス，ミズーリ州）を 0.1875 mg の投与量で（老齢低投与量群），そして，9 匹の動物が塩酸ファスジルを 0.3750 mg の投与量で与えられた（老齢高投与量群）．

5.18　データの欠損

■ データの欠損を表す．

Of the N participants who provided data, M were missing data indicating [/for] their X [or Y].

データを提供した N 名の参加者の中で，M 名は X ［や Y］を示すデータが欠損していた．

> Of the 1,933 participants who provided data, 193 were missing data indicating their school and grade.　(58)
>
> データを提供した 1933 名の参加者の中で，193 名は学校と学年を示すデータが欠損していた．

5.19　統　　　計

5.19.1　記述統計

■ 記述統計が行われたことを述べる．

Descriptive statistics were examined for X.

X について記述統計が分析された．

> First, descriptive statistics were examined for all variables of interest in this study. (45)
>
> 最初に，本研究で興味の対象とされている全ての変数について記述統計が分析された．

5.19.2　t 検定

■ 群間差についての仮説と t 検定によるテストについて述べる．

The *a priori* hypothesis was that X would differ for treatment groups versus controls. Accordingly, this comparison was made with a *t*-test.

演繹的な仮説は，X が治療群と統制群により異なるだろうということであった．したがって，この比較が t 検定を用いて行われた．

> The *a priori* hypothesis was that the Glu concentrations in blood samples would differ for treatment groups versus controls. Accordingly, this comparison was made

with a *t*-test. （64）

演繹的な仮説は，血液サンプル中のグルタミン酸の濃度が治療群と統制群により異なるだろうということであった．したがって，この比較が *t* 検定を用いて行われた．

5.19.3　相関と回帰

■ ピアソンの相関係数と一元配置の分散分析の使用について述べる．

Bivariate associations among the variables were estimated using Pearson product-moment correlations and one-way ANOVAs.

2 変数間の結びつきがピアソンの積率相関係数と一元配置の分散分析により評価された．

Next, bivariate associations among the variables were estimated using Pearson product-moment correlations and one-way ANOVAs.　（45）

次に，2 変数間の結びつきがピアソンの積率相関係数と一元配置の分散分析により評価された．

5.19.4　分散分析

■ 群間差を分散分析により分析したことを述べる．

Differences between groups were analyzed by N-way analysis of variance（ANOVA）.

群間の差が，N 要因の分散分析（ANOVA）により分析された．

Differences between groups were analyzed by one-way or two-way analysis of variance（ANOVA）.　（21）

群間の差が，1 要因あるいは 2 要因の分散分析（ANOVA）により分析された．

5.20　メタ分析

5.20.1　文献検索とデータの抽出

■ メタ分析における文献検索の方法論を述べる．

X and Y electronic databases were searched through N [year] for A, B, and C trials of D involving E and F.

E と F を含む D の，A，B，C である治験について，X と Y の電子データベースが N 年を通して検索された．

PubMed and PsycINFO electronic databases were searched through 2004 for double-blind, placebo-controlled, randomized clinical trials of social anxiety disorder (social phobia) in adults involving the selective serotonin reuptake inhibitors citalopram and escitalopram. (27)

選択的セロトニン再取り込み阻害薬の citalopram と escitalopram を含む大人の社会不安障害 (社会恐怖) の, 二重盲検法を用いており, 偽薬コントロールが行われ, 無作為化されている臨床試験について, PubMed と PsycINFO の電子データベースが 2004 年を通して検索された.

5.20.2　統計量の計算

■ メタ分析における Q 統計量の計算を表す.

The Q statistic, a measure of homogeneity between studies (Author, year), was computed for effect sizes for both binary (θ log-odds ratios) and quantitative (d statistics) data.

研究間の等質性の測度である Q 統計量 (著者, 発表年) が, 2 値データ (θ オッズ比の対数) と量的データ (d 統計量) の両方の効果量について計算された.

> The Q statistic, a measure of homogeneity between studies (Whitehead, 2002), was computed for effect sizes for both binary (θ log-odds ratios) and quantitative (d statistics) data. (27)
>
> 研究間の等質性の測度である Q 統計量 (Whitehead, 2002) が, 2 値データ (θ オッズ比の対数) と量的データ (d 統計量) の両方の効果量について計算された.

■ メタ分析における効果量の計算方法を表す.

Effect scores for X were calculated by computing the Hedges g.

X の効果得点が, Hedges の不偏推定値 g を計算することにより算出された.

> Effect scores for the remaining scales were calculated by first computing the Hedges g. (27)
>
> 残った尺度の効果得点が, 最初に Hedges の不偏推定値 g を計算することにより算出された.

5.21　統計ソフトウェア

■ 統計ソフトウェアについて述べる.

Analyses were conducted using X, Version N.

分析は, X ソフトウェアのバージョン N を用いて行われた.

> Analyses were conducted using SPSS for Windows, Version 16. (46)
>
> 分析は, Windows 用 SPSS のバージョン 16 を用いて行われた.

Column 5 引用文献リストの書式

　APAマニュアルでは，引用文献リストの書式を詳細に指定している．ここでは，その中から，初心者が最初に覚えるべき基本的な書式について解説する．[詳細については，APAマニュアル日本語版の194-250ページを参照されたい．]

【引用文献リストの順序】
　引用文献リスト中では，文献情報を，以下の規則に従って並べる．
1. 名前のアルファベット順に並べる．最初は姓について，次に，氏名のイニシャルについて，さらに，共著者について，アルファベット順に並べる．
　　Shimakura, T. (2010). Psychological distance ...
　　Takahashi, M. (2008). Preference and ...
2. 同じ著者の文献は出版年で並べる．
　　Takahashi, M. (2001). Self-control in ...
　　Takahashi, M. (2002). A low cost ...
3. 同じ第1著者の文献を並べる場合，単著は共著よりも前に置く．
　　Takahashi, M. (2003). Light-induced ...
　　Takahashi, M. & Shimakura, T. (2002). Concurrent schedule ...
4. 同じ著者で同じ出版年の場合は，タイトルでアルファベット順に並べて，発行年に a, b, c, をつける．
　　Takahashi, M., & Shimakura, T. (2002a). Effects of ...
　　Takahashi, M., & Shimakura, T. (2002b). Discounting in ...

【文献情報の書式】
　文献リストの書式は，各文献の最初の1行目を左寄せにし，2行目からを字下げする（これを「ぶらさがり字下げ，hanging indent」という）．各文献に記載する内容は，引用文献の種類によって異なる．ここでは，使用頻度の高い雑誌論文と書籍について解説する．

1. 雑誌論文の場合
　最初に著者名を表記し，次に発行年をカッコ書きで表記して，その後にピリオドをつける．
　次に，論文の題名（標準体）を表記して，ピリオドをつける．
　さらに，雑誌名（イタリック体），巻数（イタリック体），頁番号（標準体）を表記し，ピリオドをつける．DOI (digital object identification) がある場合は，最

後に小文字で表記するが，doi の後にはピリオドをつけない．
　したがって，雑誌の標準的な書式は次のようになる．

　　Author, A., Author, B., & Author, C. (year). Title of article. *Title of Journal, L,* **M-N. doi: XXX**

　　著者A, 著者B, & 著者C（発行年）．論文題名．*雑誌名，L* 巻, M-N頁. doi 番号 XXX

　　　Takahashi, M. & Ikegami, M. (2008). Differential frontal activation during exogenous and endogenous orientation of visuospatial attention: A near-infrared spectroscopy study. *Neuropsychobiology, 58,* 55-64. doi: 10.1159/000159773

2. 書籍の場合

　最初に著者名を表記し，次に発行年をカッコ書きで表記して，その後にピリオドをつける．

　次に，書籍の題名（イタリック体）を書いてピリオドをつける．

　さらに，出版地（標準体）と出版社（標準体）をコロン（:）で区切って表記し，ピリオドをつける．出版地が米国内の場合は，市と州（CA のような省略語）を記載する．出版地が米国外の場合は，市と国名をコンマで区切って記載する（たとえば，Niigata, Japan: Shinshu Univeristy Press）．ただし，大都市，および，歴史的に有名な都市については市だけ記載すればよい．

　ちなみに，著者が編集者の場合は，編集者名の後に，(Ed).または (Eds).をつけ加えればよい．

　したがって，書籍の標準的な書式は次のようになる．

　　Author, A., Author, B., & Author, C. [Eds.]. (year). *Title of book.* **Location: Publisher.**

　　著者 A, 著者 B, & 著者 C ［編］．(発行年)．*本の題名*．出版地：出版社．

　　　Shwalb, D. W., & Shwalb, B. J. (1996). *Japanese childrearing.* New York: Guilford Press.

3. 書籍中の章の場合

　最初に著者名を表記し，次に発行年をカッコ書きで表記して，その後にピリオドをつけ，章の題名を標準体で書き，さらにピリオドをつける．

　次に，In A. Editor, B. Editor, & C. Editor (Eds.), という書式で本の編集者名を表記し（本の編集者だけは，姓と名のイニシャルを逆順に表記することに注意），その後に，本の題名（イタリック体）と章のページ数（標準体でカッコ書き）を表記して，その後にピリオドをつける．

さらに，出版地（標準体）と出版社（標準体）をコロン（:）で区切って書き，最後にピリオドをつける．
　したがって，本の章の標準的な書式は次のようになる．

　　Author, A., Author, B., & Author, C. (year). Title of chapter. In D. Editor, E. Editor, & F. Editor (Eds.), *Title of book* (pp. N-M). Location: Publisher.
　　著者A, 著者B, & 著者C（発行年）. 章の題名. 編集者D, 編集者E, 編集者Fによる*本の題名*（NページからMページ）. 出版地：出版社．
　　Shwalb, D. W., Shwalb, B. J., Nakazawa, J., Hyun, J. H., Le, H. V., & Satiadarma, M. P. (2009). Child development in East and Southeast Asia: Japan, Korea, Vietnam, and Indonesia. In M. H. Bornstein (Ed.), *Handbook of cultural developmental science* (pp. 445-464). New York: Psychology Press.

4. 著者名は7名までを表記する．著者が8名以上の場合は，第1著者から第6著者までを表記し，その後に，…（これは省略記号であり，その後にコンマをつけない）を表記して，その後に，最後の著者を表記する．

　APAマニュアルでは，ここで紹介した雑誌論文や書籍以外にも，電子書籍，テクニカルレポート，学会発表，博士論文，ブログ，法的資料，メタアナリシスで使用した文献（著者名の前にアステリスクをつける）などの様々な引用文献の詳細な書式が指定されている．投稿の初心者は，常にAPAマニュアルを参照しながら，誤りのない引用文献リストを作成するように心がけよう．

［高橋雅治］

6. 結　　果
Results

結果のポイント

【内容】

　結果の節の主な目的は，**目的と方法に沿って得られたデータを要約すること**により，**考察や結論の根拠を提供する**ことである．したがって，序文で示した目的，および，方法で示した研究デザインに基づいて的確なデータ分析を行い，その結果を読者に対してわかりやすく提供しなければならない．

　正確で偏りのない結果を提供するためには，**参加者の流れ**（フロー）を的確に提供することが重要である．具体的には，募集時の参加者数，調査を終了しなかった参加者数，条件への割当数，追跡調査が可能であった参加者数，分析から除外された参加者数などを正確に記述する必要がある．［APAマニュアル日本語版の285ページの図1に示されている参加者数の推移についての図を参照のこと．］

　また，統計的解析では，**サンプルサイズ**，**平均値**，**標準偏差**などの基本的な情報をすべて提供しなければならない．さらに，**検定統計量**，**自由度**，***p*値**，**効果量や信頼区間**などの情報も網羅的に記述する必要がある（読者は統計的知識を持っているので，基本的な計算方法を記載する必要はない）．さらに，必要に応じて，**欠損データとその対処方法**も報告する．［結果の内容や構成については，APAマニュアルの28-31ページを参照のこと．］

【書式】

　見出しの書式は，ひとつの研究を報告する論文と，2つ以上の研究を報告する論文で異なる．

　ひとつの研究を報告する論文では，改ページせずに，Resultsという見出しを，「レベル1の見出し（センタリング，ボールド体，主要語の語頭を大文字）」で書く．結果を下位項目に分けて記述する場合には，「レベル2の見出し（左寄せ，ボールド体，主要語の語頭を大文字」や「レベル3の見出し（字下げ

とピリオド，ボールド体，文頭の文字のみ大文字）」を用いる．［結果の書式の実際例については，APAマニュアル日本語版の43ページに掲載されている原稿サンプルを参照されたい．］

　一方，2つ以上の研究を報告する論文では，実験の番号（Experiment 1, Experiment 2など）をレベル1とし，Resultsをレベル2，下位項目をレベル3とする．［このような結果の原稿例については，APAマニュアル日本語版の52-53ページに掲載されている原稿サンプルを参照してほしい．］いずれの場合も，Method, Results, Discussionなどのレベルはそろえておくこと．

【ヒント】

　結果で使われる表現は，心理学以外の分野の参考書や例文集にも数多く掲載されているので，必要に応じて参照するとよい．ここでは，心理学の分野で多用される，参加者の動向，データ解析法，基本的結果，統計的解析についての表現を中心に掲載した．特に，多変量解析（分散分析，回帰分析，構造方程式モデリングなど）や効果量についての例文を充実させることを心がけた．

　結果の記述は，先行する序文や方法，および，後に続く考察と連携していなければならない．そのため，結果の節では，目的や方法に関係する表現も併用しながら執筆をすすめることになる．たとえば，参加者の除外について述べる場合は，4章「方法」に掲載した表現を，研究デザインについて確認する場合は3章「序文」に掲載した表現が参考になるだろう．

6.1　参　加　者

6.1.1　参加者の動向

■　グループに最終的に割り当てられた参加者数を述べる．

Of the N participants, M were in the X group[,] while L were in the Y group.
N人の参加者の中で，M人はX群であり，L人はY群であった．

　　Of the 13 participants, 8 were in the unsatisfied group, while 5 were in the satisfied group.　(8)
　　13人の参加者の中で，8人は不満足群であり，5人は満足群であった．

- ある変数に従って2群を区別したことを述べる．

    A[n] X factor that distinguished Y from Z participants was A.

    参加者をY群とZ群に分けるX要因は，Aであった．

    > A second client factor that distinguished satisfied from unsatisfied participants was a personal history of oppression or alienation from members of one's own group.　(8)
    >
    > 参加者を満足群と不満足群に分けるクライアント側の第2の要因は，所属グループの構成員から抑圧されたり疎外されたという個人的な履歴であった．

- あることを示した参加者数について述べる．

    Out of the N participants, M expressed X.

    N人の参加者の中で，M人はXを示した．

    > Out of the 15 participants, 12 expressed negative feelings about being homeless.　(41)
    >
    > 15人の参加者の中で，12人はホームレスであることについて否定的な感情を示した．

6.1.2　参加者の反応の割合

- ある反応を示した参加者の百分率を述べる．

    The percentage of X who YYY was as follows: A (N%), B (M%), and C (L%).

    YYYであったXの割合は，AでN%，BでM%，CでL%であった．

    > The percentage of females who overestimated males' actual preference mean score for each item was as follows: drinks per occasion (70.8%), maximum drinks (73.5%), friends (69.7%), sexual partners (65.5%), and dating partners (43.1%).　(39)
    >
    > 各項目について男性の実際の選好の平均得点を過大評価した女性の割合は，機会当たりの飲酒量で70.8%，最大飲酒量で73.5%，友人で69.7%，性的パートナーで65.5%，および，デートのパートナーで43.1%であった．

- ある反応を示した参加者のおおよその割合を述べる．

    Overall, half [/a majority/a third] of the participants (N out of M) XXX.

    全体として，参加者の半分[/大多数/三分の一] (M人中のN人)が，XXXであった．

    > Overall, half of the participants (8 out of 16) described their therapists as attentive, caring, and sensitive.　(8)
    >
    > 全体として，参加者の半分が，彼らを担当しているセラピストは傾聴的で，思いやりがあり，感受性が高いと述べた．

6.2 基本的な結果

6.2.1 データの計算法

■ 時間当たりの反応数を計算したことを述べる．

The number of responses per minute [second/hour] was calculated for the time during which YYY.

YYY であった時間について，1 分間［1 秒間／1 時間］当たりの反応数が計算された．

> The number of responses per minute was calculated for the time during which the children had opportunity to respond to the butterfly icons. (37)
>
> 子供たちが蝶のアイコンに反応する機会があった時間について，1 分間当たりの反応数が計算された．

■ 全体的な得点が複数の反応の平均として計算されたことを述べる．

An overall X score was computed by averaging Y.

全体的な X 得点は，Y を平均することにより計算された．

> An overall accuracy score was computed by averaging the number of correct responses across all test trials. (57)
>
> 全体的な正確性得点は，全テスト試行の正反応数を平均することにより計算された．

6.2.2 外れ値

■ 外れ値を分析から除外したことを述べる．

Xs longer than [/greater than/greater than or equal to/less than/less than or equal to] N were considered outliers and were excluded from the analyses.

N より長い［／を超える／以上の／未満の／以下の］X は外れ値であるとされ，分析から除外された．

> Response times longer than 2 s were considered outliers and were excluded from the analyses. (14)
>
> 2 秒間より長い反応時間は外れ値であるとされ，分析から除外された．

6.2.3 データの分割

■ データを項目グループに分割したことを述べる．

The data were broken down into X items (A), Y items (B), and Z items (C).

データは，X 項目 (A)，Y 項目 (B)，Z 項目 (C) に分割された．

> The recall data was broken down into primacy items (recall of words in serial position 1-4), middle items (serial position 5-8), and recency items (serial position 9-12).　(7)
>
> 想起データは，初頭項目（系列位置が1-4番目の単語の想起），中央項目（系列位置が5-8），親近項目（系列位置が9-12）に分割された．

6.2.4　基本的なデータの記述

■ 平均と標準偏差を述べる．

The mean level of X was A (SD = B), and the mean level of Y was C (SD = D).

X の平均レベルは A (SD = B) であり，Y の平均レベルは C (SD = D) であった．

> The mean level of religiousness was 2.01 (SD = 1.03), and the mean level of spirituality was 2.21 (SD = 1.12).　(61)
>
> 宗教性の平均レベルは 2.01 (SD = 1.03) であり，スピリチュアリティの平均レベルは 2.21 (SD = 1.12) であった．

■ 被験者の行った反応の平均と標準偏差を述べる．

Across the groups, children X-ed a mean number of N Z (SD = M).

全てのグループを通じて，子供たちは平均 N 個の Z (SD = M) を X した．

> Across the groups, children added a mean number of 0.30 strategies (SD = 0.60) to their repertoires during the manipulation.　(5)
>
> 全てのグループを通じて，子供たちは，操作中に平均 0.3 個 (SD = 0.60) の方略をレパートリーに追加した．

■ 誤反応試行の割合を述べる．

Overall, X made errors on N out of M (L%) Y trials.

全体で，X は，M 回の Y 試行の中の N 回 (L%) で誤反応を示した．

> Overall, Mickey made errors on 28 out of 105 (27%) familiar trials with black cups and on 23 out of 60 (38%) transfer trials involving the novel yellow cubes.　(34)
>
> 全体で，Mickey は黒カップを用いた 105 回の熟知試行の中の 28 回 (27%) で，および，新規刺激である黄色カップを用いた 60 回の転移試行の中の 23 回 (38%) で誤反応を示した．

■ 変数間に対応関係があったことを述べる．

There was a close correspondence between X and Y.

X と Y の間には，密接な対応関係があった．

> Hence, there was a close correspondence between the time course of drug uptake in the brain and drug-induced increases in extracellular dopamine.　(30)
>
> それゆえ，脳内における薬物取り込みの時間経過と，薬物により誘発される

細胞外ドーパミンの増加の間には，密接な対応関係があった．

■ 被験者の実際の回答例を列挙する．

Examples included AAA, BBB, or CCC.

例としては，AAA，BBB，CCC などがあった．

> Examples included coming to sessions late or canceling sessions altogether, answering the phone or doing paperwork during the session, or violating confidentiality. (8)
>
> 回答例としては，セッションに遅れたり完全にキャンセルする，セッション中に電話に出たり書類仕事をしたりする，あるいは，秘密を守らない，などがあった．

6.2.5 操作チェック

■ 操作チェックを行ったことを述べる．

To assess the effectiveness of the X manipulation, we performed a Y analysis on the item that assessed Z.

X の操作の効力を評価するために，Z を評価する項目について，Y 分析を行った．

> To assess the effectiveness of the self-esteem manipulation, we performed a 2 (personality feedback)×2 (mortality salience) analysis of variance (ANOVA) on the item that assessed how good the personality assessment made participants feel about themselves. (25)
>
> 自尊心の操作の効力を評価するために，その性格検査により参加者が自分にどれくらい自信が持てるようになったかを評価する項目について，2（性格のフィーバック）×2（死の顕現性）の分散分析を行った．

6.3　統計的解析

6.3.1　カイ二乗検定

■ カイ二乗検定と分散分析を用いて差を分析したことを述べる．

Using chi-square tests, we examined whether there were significant differences between the X participants and the Y participants.

カイ二乗検定を用いて，X と Y の参加者間に有意差があるかどうかを分析した．

> Using chi-square and ANOVA tests, we first examined whether there were significant differences between the 125 participants excluded and 569 participants included in the current analyses. (38)
>
> カイ二乗検定と分散分析を用いて，まず，研究から除外された 125 名の参加者と研究に含まれた 569 名の参加者の間に有意差があるかどうかを分析した．

■ カイ二乗検定の結果を提示する.

Chi-square analyses on X revealed Y differences for N items: 'A', [statistics], 'B', [statistics], and 'C', [statistics].

X についてのカイ二乗分析は, N 個の項目について, Y による差を見いだした. それらは,「A」,[検定結果],「B」,[検定結果], および「C」[検定結果], の項目であった.

> Chi-square analyses on each of the 24 items revealed age differences for only three items: 'participating in homeroom activities', $\chi^2(1, N = 84) = 8.77, p < .001$; 'preparing for entrance examinations', $\chi^2(1, N=84) = 19.01, p < .001$; and 'helping a peer weaker in sports', $\chi^2(1, N= 84) = 19.01, p < .001$. (54)
>
> 24 個の各項目についてのカイ二乗分析は, 3 つの項目についてのみ, 年齢差を見いだした. それは,「ホームルーム活動への参加」, $\chi^2(1, N = 84) = 8.77, p < .001$,「入試への準備」, $\chi^2(1, N = 84) = 19.01, p < .001$, および,「スポーツで弱い仲間を助ける」, $\chi^2(1, N= 84) = 19.01, p < .001$, の項目であった.

6.3.2 *t* 検定

■ *t* 検定により有意な結果が得られたことを述べる.

Independent samples *t*-tests revealed that X's Y were significantly higher than Z's Y, for A and B, *p*s < N.

独立標本についての *t* テストは, A と B について, X の Y が Z の Y よりも有意に高いことを示した (全ての場合において *p* < N).

> Independent samples *t*-tests revealed that females' perceived reflective normative preferences were significantly higher than males' actual normative preferences, for drinks per occasion and maximum drinks in the past week, *p*s < .001. (39)
>
> 独立標本についての *t* 検定は, 機会当たりの飲酒量と過去 1 週間の最大飲酒量について, 男性が女性に対して持つと女性が認識する規範的選好が男性の実際の規範的選好よりも有意に高いことを示した (全ての場合において *p* < .001).

■ 対応のある *t* 検定の結果が有意でなかったことを述べる.

A paired *t*-test found no significant difference[s] in the mean X between A and B.

対応のある *t* 検定の結果, A と B の間で, X の平均に有意差はなかった.

> A paired *t*-test found no significant differences in the mean number of overlap responses made between each yoked group and that of their rule-producing partners, $t(9) = 1.03, SE = 2.0, p > .30$. (24)
>
> 対応のある *t* 検定の結果, 各連動統制群と規則を生成する相手群の間で, 重複反応数の平均に有意差はなかった [$t(9) = 1.03, SE = 2.0, p > .30$].

6.3.3 その他の検定

■ ノンパラメトリック法を用いたことを有意水準とともに述べる．

Nonparametric procedures and a standard alpha level of N were used for all statistical tests.

ノンパラメトリック法と N の標準的な有意水準がすべての統計的検定で使われた．

> Nonparametric procedures and a standard alpha level of .05 were used for all statistical tests. (48)
>
> ノンパラメトリック法と .05 という標準的な有意水準が全ての統計的検定で使われた．

■ 二項検定によりチャンスレベルと比較した結果を述べる．

X was significantly above a chance level [/chance], according to binomial tests.

二項検定によれば，X はチャンスレベルより有意に高かった．

> This performance was significantly above chance according to binomial tests. (34)
>
> 二項検定によれば，この成績はチャンスレベルより有意に高かった．

6.3.4 有意差の有無

■ 2 群間に有意差があったことを述べる．

X reported significantly higher levels of Y than [did] Z.

X は，Z より，有意に高いレベルの Y を報告した．

> Displaced adolescents reported significantly higher levels of PTS than nondisplaced adolescents. (3)
>
> 退去させられた若者は，退去させられなかった若者より，有意に高いレベルの PTS を報告した．
>
> （訳者注：PTS；posttraumatic stress，心的外傷後ストレス）

■ 2 群間で有意差がなかったことを表わす．

There were no significant differences in the mean levels of X [and Y], between A and B.

A と B で，X [と Y] の平均レベルに有意差はなかった．

> There were no differences in the mean levels of the stressors and strains between T1 and T2. (52)
>
> T1 と T2 で，ストレス因子と過労の平均レベルに差はなかった．
>
> （訳者注：ここでは 2 回の調査の実施時期を T1 と T2 と呼んでいる）

■ 有意な関連はなかったことを述べる.

No significant associations emerged between X and Y.

X と Y の間には有意な関連が見られなかった.

> No significant associations emerged between fathers' pediatric parenting stress and demographic characteristics（age, education, employment, income）.　(45)
>
> 父親の小児科での育児ストレスと人口統計学的な特徴（年齢，教育，雇用，収入）の間には，有意な関連が見られなかった.

6.3.5　有意差傾向（$p < .10$）

■ 有意差傾向と理由を述べる.

The X group had only a marginally higher Y compared to the Z group, [statistics]. This marginal finding may be due to A.

X 群は，Z 群と比べて Y がより高いという有意差傾向があった（検定結果）．この有意差傾向の知見は，A のためかもしれない.

> The aged low dose group had only a marginally higher learning index for working memory incorrect errors compared to the aged vehicle group, $t(16) = 1.79; p < .09$. This marginal finding may be due to a slight under powering in the aged low dose animals.　(31)
>
> 高齢の低投与量群は，高齢の賦形剤投与群と比べて，作業記憶の不正解の誤反応について，学習指標がより高いという有意差傾向があった [$t(16) = 1.79; p < .09$]．この有意差傾向の知見は，高齢の低投与群の方がわずかに体力が低かったためかもしれない.

■ 有意な相関と有意差傾向のある相関が見られたことを述べる.

A positive relationship was observed between X and Y at A (statistics) and B (statistics), although the latter correlation was a nonsignificant trend.

X と Y の間には，A（検定結果）と B（検定結果）において，正の相関が見られた．ただし，後者の相関は有意差傾向にとどまった.

> A positive relationship was observed between BAS reward and frontal asymmetry at baseline（$\beta = .24, p = .02$）and post-condition assignment（$\beta = .20, p = .06$）, although the latter correlation was a nonsignificant trend.　(60)
>
> BAS の報酬と前頭の非対称性の間には，ベースライン（$\beta = .24, p = .02$）と条件後配置（$\beta = .20, p = .06$）において，正の相関が観察された．ただし，後者の相関は有意差傾向にとどまった.
>
> （訳者注：BAS；behavioral approach system, 行動活性化システム）

6.3.6　分散分析の実施

■ 2元配置の繰り返しのある分散分析を用いた分析について述べる．

Two-way repeated measures analyses of variance, for the effects of X and Y, were conducted on the Z.

Z について，X と Y の効果を調べるための繰り返しのある 2 元配置分散分析が行われた．

> Two-way repeated measures analyses of variance, for the effects of age level and competitive/non-competitive trials, were conducted on the proportions of time during which cards were being stacked in each of three structures.　(54)
>
> 3 つの各構造物のそれぞれにカードが積まれていた時間の割合について，年齢水準と競争的/非競争的試行の効果を調べるための繰り返しのある 2 元配置分散分析が行われた．

■ 混合型の分散分析について述べる．

Data from the X were analyzed with mixed-mode analyses of variance．

X から得られたデータは，混合型の分散分析により分析された．

> Data from the cognitive test battery were analyzed with mixed-mode analyses of variance.　(47)
>
> 認知テストバッテリーのデータは，混合型の分散分析により分析された．

■ 3元配置の混合型の分散分析について述べる．

We performed a N (X) × M (Y) between-subjects × L (Z) within-subjects ANOVA on A.

我々は，A について，N (X：被験者間) × M (Y：被験者間) × L (Z：被験者内) の ANOVA を行った．

> We performed a 2 (personality feedback) × 2 (MS) between-subjects × 2 (time of completing accessibility measures) within-subjects ANOVA on the accessibility of television-related words.　(25)
>
> 我々は，テレビに関連する単語への接触性について，2 (性格フィードバック：被験者間) × 2 (MS：被験者間) × 2 (接触性尺度に記入した時刻：被験者内) の ANOVA を行った．
>
> （訳者注：MS は，死の顕現性 mortality salience の実験的操作を示す）

■ 3元配置の混合型の分散分析を目的とともに述べる．

To test whether XXX, we performed an L × M × N ANOVA with A as a between-subjects factor and B and C as within-subjects factors.

XXX どうかを分析するために，A を参加者間要因として，B と C を参加者内要因として，L × M × N の分散分析を行った．

> To test whether the two types differed with respect to their behavioral unpleasantness ratings, we performed a 2 × 2 × 2 analysis of variance (ANOVA)

with prosociality (prosocial/selfish) as a between-subjects factor and drug (OT/placebo) and target (self/other) as within-subject factors. (55)

それら2つのタイプ（の参加者）が行動の不快性の評定について異なるかどうかを分析するために，向社会性（向社会的/利己的）を参加者間要因として，薬物（OT/偽薬）とターゲット（自己/他者）を参加者内要因として，2×2×2の分散分析を行った．

（訳者注：OT；oxytocin, オキシトシン）

■ 3元配置の混合型の分散分析を用いた分析について述べる．

These scores were analyzed by [/with] a L × M × N mixed ANOVA, with X as the within-participants factor and Y (A, B) and Z (C, D) as the between-participants factors.

これらの得点は，Xを参加者内要因とし，Y（AおよびB）とZ（CとD）を参加者間要因とする，L×M×Nの混合型分散分析により分析された．

These error scores were analyzed with a 4 × 2 × 2 mixed ANOVA, with transfer region as the within-participants factor and presentation type (ordered, random) and function shape (convex, concave) as the between-participants factors. (44)

これらの誤反応得点は，転移領域を参加者内要因とし，呈示型（規則的，ランダム）と関数の形（凸状，凹状）を参加者間要因とする，4×2×2の混合型分散分析により分析された．

■ 多変量分散分析を目的とともに述べる．

A multivariate analysis of variance (MANOVA) was conducted to assess the effects of X on A, B, C, and D.

XがA, B, C, および, Dに及ぼす効果を査定するために多変量分散分析（MANOVA）が行われた．

A multivariate analysis of variance (MANOVA) was conducted to assess the effects of displacement on resource loss, age, gender, and relocation distance. (3)

退去が，資源損失，年齢，性別，および，移住距離に及ぼす効果を査定するために多変量分散分析（MANOVA）が行われた．

6.3.7 分散分析の結果

■ 2要因の分散分析の結果，主効果は有意であったが交互作用は有意ではなかったことを述べる．

The ANOVA with the factors of X and Y conditions revealed main effects for X, [statistics], and for Y, [statistics], but no interaction of X and Y, [statistics].

X条件とY条件を要因とする分散分析の結果，X［検定結果］とY［検定結果］の主効果が有意であることが示された．しかし，XとY条件の間の交互作用は有意ではなかった［検定結果］．

The ANOVA with the factors of load and irrelevant-distractor conditions revealed main effects for load, $F(1,15) = 107.73$, $MSE = 12{,}927.06$, $p < .001$, $\eta_2^p = .88$, and for the irrelevant distractor condition, $F(1,15) = 11.05$, $MSE = 3{,}336.68$, $p = .005$, $\eta_2^p = .42$, but no interaction of load and irrelevant-distractor condition, $F < 1$.　(14)

負荷と無関係妨害刺激条件を要因とする分散分析の結果,負荷 {$F(1,15) = 107.73$, $MSE = 12{,}927.06$, $p < .001$, $\eta_2^p = .88$} と無関係妨害刺激条件 {$F(1,15) = 11.05$, $MSE = 3{,}336.68$, $p = .005$, $\eta_2^p = .42$} の主効果が有意であることが示された.しかし,負荷と無関連妨害刺激条件の間の交互作用は有意ではなかった ($F < 1$).

■ 2要因の分散分析の結果,主効果が有意であったことを述べる.

Comparing the mean number of X with N × M analyses of variance yielded significant differences for the Y versus Z manipulation, F (A, B) = C, p < D, η^2 = E.

N × Mの分散分析によりXを較べると,YとZの操作についての有意差が,F(A, B) = C, p < D, η^2 = E で見られた.

Comparing the mean number of representations with 2×2 analyses of variance yielded significant differences only for the not-all appropriate versus all-appropriate representations manipulation, $F(1, 81) = 58.26$, $p < .01$, $\eta^2 = .54$.　(59)

2 × 2の分散分析により平均表象数を較べると,必ずしも全てが適切ではない操作と全てが適切である表象操作についてのみ有意差が,$F(1, 81) = 58.26$, $p < .01$, $\eta^2 = .54$ で見られた.

■ 分散分析の結果,得点が条件の関数として有意に変化したことを述べる.

X scores varied significantly as a function of Y [, statistics].

X 得点は,Y の関数として有意に変化した [検定結果].

Total withdrawal scores after injection of 1.0 mg/kg sc naloxone varied significantly as a function of activity and feeding condition, $F(4, 39) = 15.53$, $p < .001$.　(33)

1.0 mg/kgのナロキソンを皮下注射した後の離脱症状の合計得点は,活動性と給餌条件の関数として有意に変化した [$F(4, 39) = 15.53$, $p < .001$].

■ 分散分析の結果,交互作用が有意であったことを述べる.

A significant interaction was observed between X and Y, with a smaller Y-related difference in Z between the A and B than between the C and D.

XとYの間に有意な交互作用が見られ,CとDの間よりも,AとBの間の方が,YによるZの差は小さかった.

On these two abilities, a significant interaction was observed between experience and age, with a smaller age-related difference in cognition between the young and older controllers than between the young and old noncontrollers.　(47)

これらの2つの能力について,経験と年齢の間に有意な交互作用が見られ,若年と高齢の非管制官群の間よりも,若年と高齢の管制官群の間の方が,年

齢による認知の差は小さかった.

■ テューキーの多重比較検定の結果，群間差が有意であることを述べる.

Post hoc Tukey's test showed that the X group had significantly lower Y compared with the Z group [statistics].

テューキーの事後比較検定により，X 群は，Z 群と比べて Y が有意により低くなることを示した（検定結果）.

> Post hoc Tukey's test showed that the VSL had significantly lower percent correct choices compared with the NC group ($t = 18.73, p < .001$). (50)
>
> テューキーの事後比較検定により，VSL 群の正選択率は NC 群と比べて有意に低いことを示した（$t = 18.73, p < .001$）.

■ ボンフェローニの一対比較法により群間差が有意であったについて述べる.

Pairwise comparisons using a Bonferroni correction indicated significant differences in X between N groups.

ボンフェローニの修正を用いた一対比較は，N 群の間で X に有意差があることを示した.

> Pairwise comparisons using a Bonferroni correction indicated significant differences in general cognitive capacity between each of the first four age groups. (57)
>
> Bonferroni の修正を用いた一対比較は，最初の 4 つの年齢群の各々の間で，一般的認知能力に有意差があることを示した.

■ シェフェの多重比較法により群間差が有意であったことを述べる.

Post hoc Scheffé comparisons noted significant differences between [/ among] N groups, [statistics].

事後比較のシェフェ法により，N 群の全ての間に有意差が見られた［検定結果］.

> Similarly, post hoc Scheffé comparisons noted significant differences among all three groups, $F(2, 1598) = 316.76, p < .0001$. (46)
>
> 同様に，事後比較のシェフェ法により，3 つの群の全ての間に有意差が見られた［$F(2, 1598) = 316.76, p < .0001$］.

■ 事後比較検定の結果，群間差はなかったことを述べる.

Post hoc comparisons did not reveal any group differences.

事後比較検定の結果，群間差は見られなかった.

> However, post hoc comparisons did not reveal any group differences. (49)
>
> しかし，事後比較の結果，群間差は全く見られなかった.

■ 単純主効果による有意な結果を述べる.

Analysis of simple main effects confirmed that XXX.

単純主効果の分析により，XXX ということが確認された．

> Analysis of simple main effects confirmed that AX elicited greater freezing than CX, $F(1, 15) = 11.13$, $p < .006$, and CY elicited greater freezing than AY, $F(1, 15) = 11.05$, $p < .006$.　(10)
>
> 単純主効果の分析により，刺激 AX の方が刺激 CX よりも有意に多くのフリージングを誘発し［$F(1, 15) = 11.13$, $p < .006$］，刺激 CY の方が刺激 AY よりも多くのフリージングを誘発した［$F(1, 15) = 11.05$, $p < .006$］ことが確認された．
>
> （訳者注：AX，CX，AY，CY は実験で用いられた刺激の名称である）

6.3.8　因子分析

■ 因子分析の基本的な手続きを述べる．

We conducted a common factor analysis on the N X items, extracting M factors and applying an oblique rotation（i.e., Promax, with *kappa* set to P）. The loadings of the items on these Q Promax-rotated factors are shown in Table L.

我々は，N 個の X の項目について共通因子分析を行い，M 個の因子を抽出し，斜交回転（すなわち，カッパを P に設定したプロマックス）を行った．これら Q 個のプロマックス回転因子に関する項目の負荷を表 L に示す．

> We conducted a common factor analysis on the 22 political attitude issue items, extracting two factors and applying an oblique rotation（i.e., Promax, with *kappa* set to 4）. The loadings of the items on these two Promax-rotated factors are shown in Table 3.　(9)
>
> 我々は，22 の政治的態度問題の項目について共通因子分析を行い，2 つの因子を抽出し，斜交回転（すなわち，カッパを 4 に設定したプロマックス）を行った．これら 2 つのプロマックス回転因子に関する項目の負荷を表 3 に示す．

■ 因子分析から導き出された因子を羅列する．

Factor analysis of X produced N dimensions: A, B, and C, all of which had been noted in previous research.

X の因子分析は，N 個の次元をもたらした．すなわち，A，B，および，C であった．これらの次元は全て先行研究で報告されていたものであった．

> Factor analysis of these ratings produced three dimensions: dynamic communication, organization, and concern for individuals, all of which had been noted in previous research.　(53)
>
> これらの評定の因子分析は，3 つの次元をもたらした．すなわち，動的コミュニケーション，組織化，および，個人への関心であった．これらの次元は全て先行研究で報告されていたものであった．

6.3.9 確証的因子分析

■ 確証的因子分析の使用について述べる

To test the N models outlined in the Introduction, we conducted confirmatory factor analyses (CFA) using AMOS software (Version M).

序文で述べた N 個のモデルを検証するために，我々は，AMOS ソフトウェア (バージョン M) を使って，確証的因子分析を行った．

> To test the three models outlined in the Introduction, we conducted confirmatory factor analyses (CFA) using AMOS software (Version 7.0). (9)
>
> 序文で述べた 3 つのモデルを検証するために，我々は，AMOS ソフトウェア (バージョン 7.0) を使って，確証的因子分析を行った．

■ 確証的因子分析におけるモデルへの適合度を述べる．

A confirmatory factor analysis indicated that the X model fit the data well (statistics).

確証的因子分析の結果，X モデルはデータとよく一致することが示された (検定結果)．

> A confirmatory factor analysis indicated that the composite model fit the data well (comparative fit index = .95, root mean square error of approximation = .075). (57)
>
> 確証的因子分析の結果，複合モデルはデータとよく一致することが示された (適合度指標については，比較適合度指標 CFI が .95，平均二乗誤差平方根 RMSEA が .075 であった)．

6.3.10 構造方程式モデリング

■ 構造方程式モデリングの全体的な適合度について述べる．

We assessed model fit by evaluating the overall pattern of [the] fit indices, including X, Y, and Z.

我々は，X，Y，Z を含む適合度指標の全体的パターンを評価することにより，モデル適合度を評価した．

> We assessed model fit by evaluating the overall pattern of the fit indices, including the chi-square, comparative fit index (CFI), and the root-mean-square error of approximation (RMSEA). (58)
>
> 我々は，カイ二乗値，比較適合度指標 (CFI)，平均二乗誤差平方根 (RMSEA) を含む適合度指標の全体的パターンを評価することにより，モデル適合度を評価した．

■ 構造方程式モデリングで，関係がある要因により媒介されていることを述べる．

The relationships linking X to Y are [/were] partially mediated by Z.

X を Y と結びつける関係は，Z によって部分的に媒介されている [/いた]．

> The relationships linking both perceptions of teachers as democratic and feelings of personal belonging to ignoring are partially mediated by students' beliefs that confiding in a teacher may result in more trouble. (58)
>
> 先生が民主的であるという認知，および，個人的所属の感覚の両方を，無視と結びつける関係は，先生に打ち明けるとより大きなトラブルになるかもしれない，という学生の信念によって部分的に媒介されている．

■ 構造方程式モデリングにおける，直接的効果，間接的効果，総合的効果を述べる．

There was a significant negative indirect effect and non-significant direct and total effect of the X factors on Y.

X 要因は，Y に対して，有意な負の間接的効果，および，有意でない直接的効果と総合的効果を及ぼした．

> There was a significant negative indirect effect and non-significant direct and total effect of each of the three school climate factors on the likelihood of telling a friend but not an adult a peer's plan to do something dangerous. (58)
>
> 3つの校風要因の各々は，仲間が危険なことを企てていることを大人ではなく友人に言う確率に対して，有意な負の間接的効果，および，有意でない直接的効果と総合的効果を及ぼした．

■ 構造方程式モデリングの適合度指標の値を述べる．

The fit indices of this model were χ^2 (A, N = B) = C, p = D; TLI = E; CFI = F.

このモデルの適合度指標は χ^2 (A, N = B) = C，p = D；TLI = E；CFI = F であった．

> The fit indices of this model were χ^2 (5, N = 35) = 8.76, p = .12; TLI = .87; CFI = .89. (28)
>
> このモデルの適合度指標は χ^2 (5, N = 35) = 8.76, p = .12；TLI = .87；CFI = .89 であった．

6.3.11 主成分分析

■ 主成分分析とその結果について述べる．

We subjected the N items to a principal [-] components factor analysis with X rotation. Examination of the scree plot revealed M factors, with eigenvalues of A and B, accounting for C% and D% of the variance.

我々は，これら N 個の項目について，X 回転の主成分分析を行った．スクリープロットを調べた結果，M 個の要因が明らかになり，それぞれの固有値は A と B で，分散の C% と D% を説明した．

> We subjected the five items to a principal-components factor analysis with Varimax rotation. Examination of the scree plot revealed two factors, with eigenvalues of 1.38 and 1.28, accounting for 27.7% and 25.5% of the variance. （25）
>
> 我々は，これら 5 つの項目について，バリマックス回転の主成分分析を行った．スクリープロットを調べた結果，2 つの要因が明らかになり，それぞれの固有値は 1.38 と 1.28 で，分散の 27.7% と 25.5% を説明した．

6.3.12　単回帰分析

■ 単回帰分析について述べる．

A linear function fit the X data with an intercept of A and a slope of B, and accounted for C% of the variance.

X のデータに対して，傾きが B で y 切片が A の線形関数が当てはめられた．その関数は分散の C% を説明した．

> A linear function fit the SL data with an intercept of $-6.3°$ and a slope of 1.03, and accounted for 99.3% of the variance. （42）
>
> SL のデータに傾きが 1.03 で y 切片が 6.3° の線形関数が当てはめられた．その関数は分散の 99.3% を説明した．
>
> （訳者注：SL；spatial language，空間的言語）

6.3.13　重回帰分析

■ 多変量回帰モデルにより説明される分散の割合を述べる．

The full model accounted for A% of the variance in X (see Table N).

モデル全体で X の分散の A% を説明することができた（表 N を参照）．

> The full model accounted for 61% of the variance in fathers' pediatric parenting stress (see Table 3). （45）
>
> モデル全体で父親の小児科での育児ストレスの分散の 61% を説明することができた（表 3 を参照）．

■ 許容度（トレランス統計量）のレベルについて述べる．

Tolerance was within acceptable limits for X variables in Y models.

許容度は，Y のモデルにおける X の変数について，受容できる限界内であった．

> Tolerance was within acceptable limits for all variables in all models. （22）
>
> 許容度は，全てのモデルにおける全ての変数について，受容できる限界内であった．

6.3.14 階層的重回帰分析

■ 階層的重回帰分析の目的について述べる．

Hierarchical regression analyses were conducted to examine the relationship between X and Y.

階層的重回帰分析が，X と Y の間の関係を調べるために行われた．

> Hierarchical regression analyses were conducted to examine the relationship between independent variables and mental health outcomes.　(32)
>
> 階層的重回帰分析が，独立変数と精神衛生上の結果変数の間の関係を調べるために行われた．

■ 階層的回帰分析による検定について述べる．

Hierarchical regression analyses were used to test X.

X を検定するために，階層的回帰分析が用いられた．

> Hierarchical regression analyses were used to test these hypotheses（Baron & Kenny, 1986; Yzerbyt, Muller, & Judd, 2004）.　(59)
>
> これらの仮説（Baron & Kenny, 1986；Yzerbyt, Muller, & Judd, 2004）を検定するために，階層的回帰分析が用いられた．

■ 一連の階層的多変量回帰分析モデルについて述べる．

A series of hierarchical multivariate regression models were estimated to predict each of N dependent variables: A, B, C, ⋯ and Z.

A，B，C，⋯，Z という N 個の従属変数のそれぞれを予測するために，一連の階層的多変量回帰モデルが推定された．

> A series of hierarchical multivariate regression models were estimated to predict each of the six dependent variables: emotional symptoms, conduct problems, hyperactivity, peer problems, prosocial behavior, and total difficulties.　(2)
>
> 情緒的症候群，行為障害，過活動，仲間との問題，向社会的行動，および，全体的困難さ，という 6 つの従属変数のそれぞれを予測するために，一連の階層的多変量回帰モデルが推定された．

■ 階層的多変量回帰モデルの各ステップについて述べる．

In the first step, A, B, and C were included. The second step added D. In the third step[,] E was added, and the fourth [/final] step included F.

第一段階では，A，B，C が含まれた．第二段階では，D が追加された．第三段階では，E が含まれ，第四段階では F が含まれた．

> In the first step, the sociodemographic characteristics of the adolescents（age, gender, exclusion from school, receipt of free school meals, and ethnicity）were included. The second step added family structure. In the third step, grandparent involvement was added, and the fourth step included the terms that interact with grandparent involvement and family structure.　(2)

第一段階では，青年の社会人口統計学的な特性（年齢，性別，学校からの阻害，無料給食の受領，民族性）が含まれた．第二段階では，家族構造が追加された．第三段階では，祖父母の関与が含まれ，第四段階では，祖母の関与及び家族構造と交互作用する項目が含まれた．

■ 階層的回帰分析の結果を簡潔に述べる．

In the regression models, the X step explained a statistically significant proportion of the variance in Y.

この回帰モデルにおいて，X のステップが Y における分散の統計的に有意な部分を説明した．

> In both regression models, the perceived reflective normative preferences step explained a statistically significant proportion of the variance in drinking. (39)
>
> 両方の回帰モデルにおいて，相手が自分に対して持つと認識する規範選好のステップが飲酒における分散の統計的に有意な部分を説明した．

6.3.15　階層的ロジスティック回帰分析

■ 階層的ロジスティック回帰分析の目的を述べる．

Hierarchical logistic regression analyses were used to determine the relationship between X and Y.

階層的なロジスティック回帰分析が，X と Y の関係を決定するために用いられた．

> Hierarchical logistic regression analyses were used to determine the relationship between variables and clinical depression. (32)
>
> 階層的なロジスティック回帰分析が，変数と臨床的抑うつの関係を決定するために用いられた．

6.3.16　媒介分析

■ 回帰分析による媒介分析について述べる．

We used mediation analyses to test [/Mediation analysis tested] whether X and Y mediated the effects of A on B and C, using the three-step regression analyses approach suggested by Author (year).

我々は，著者（発表年）によって示唆されている 3 ステップの回帰分析を用いて，X と Y が，A が B と C に及ぼす影響を媒介するかどうかを検定するために，媒介分析を用いた．

> We used mediation analyses to test whether rumination and permanent change mediated the effects of memory specificity on PTSD and depression, using the three-step regression analyses approach suggested by Baron and Kenny (1986). (36)
>
> 我々は，Baron と Kenny（1986）によって示唆されている 3 ステップの回帰

分析を用いて，熟慮と恒久的な変化が，記憶特異性が PTSD とうつに及ぼす影響を媒介するかどうかを検定するために，媒介分析を用いた．

（訳者注：PTSD；posttraumatic stress disorder，心的外傷後ストレス障害）

■ 階層的回帰モデルにおける媒介分析の結果について述べる．

X was shown to mediate the relation between Y and Z.

X は，Y と Z の間を媒介していることが示された．

Finally, as predicted in Hypothesis 5, group information elaboration was shown to mediate the relation between shared task representations emphasizing information elaboration and decision quality. (59)

最後に，仮説5が予測するように，集団情報精緻化は，情報精緻化を強調する共有された課題表象と，意思決定の質の間を媒介していることが示された．

6.3.17　相関と偏相関

■ 有意な相関を述べる．

X and Y were significantly correlated (r = A, p = B).

X と Y は，有意に相関した（r = A，p = B）．

Immanent justice reasoning and deservingness were again significantly correlated (r = .33, p = .002). (6)

内在的正義推論と当然性は，再び有意に相関した（r = .33，p = .002）．

■ 有意な負の相関を述べる．

Scores on the X measure were significantly and negatively related to Y.

X 測度の得点は，Y との間に有意な負の相関関係を示した．

In our sample, scores on the impulsivity self-report measure were significantly and negatively related to the amount of time participants waited before making their first move on a Tower of London task. (57)

我々の標本において，自己報告による衝動性測度の得点は，ロンドン塔課題において参加者が最初にコマを動かすまでの時間との間に，有意な負の相関関係を示した．

■ 偏相関について述べる．

Partial correlations were computed to assess the relationship between X, Y, and Z after controlling for A, B, and C. The partial correlations were not significant.

A，B，C を制御した後の X，Y，Z の間の関係を評価するために，偏相関が計算された．偏相関は有意ではなかった．

Partial correlations were computed to assess the relationship between displacement,

GPD, and PTS after controlling for age, relocation time, and relocation distance. The partial correlations were not significant. (3)

年齢，移住時間，移住距離を制御した後の，退去と GPD と PTS の間の関係を評価するために，偏相関が計算された．それらの偏相関は有意ではなかった．

（訳者注：GPD；general psychological distress，一般的心理的苦痛，PTS；posttraumatic stress，心的外傷後ストレス）

6.3.18　変数の制御

■ 重回帰分析において，全ての分析がある変数を制御したことを述べる．

All analyses control[led] for X, Y, and Z.

全ての分析は，X，Y，および，Z を制御する［した］．

All analyses controlled for race/ethnicity, childhood SES, learning disability status, and child health status. (38)

全ての分析は，人種/民族性，子供の SES，学習障害の状態，および，子供の健康状態を制御した．

（訳者注：SES；socioeconomic status，社会経済的状態）

■ 重回帰分析において要因を制御した結果を述べる．

Controlling for these factors, it was found that X had more A and B, than [did] Y.

これらの要因が統制された結果，Y よりも，X の方が，より多くの A や B を持つことが見いだされた．

Controlling for these factors, it was found that respondents raised in stepfamilies and lone-parent families had more conduct problems and more total difficulties than those from two-parent biological families. (2)

これらの要因が統制された結果，2 人の両親がいる生物学的な家族で育った回答者よりも，義理の家族や親が独身である家族で育った回答者の方が，より多くの素行上の問題や全体的な困難さを持つことが見いだされた．

6.3.19　成長曲線モデル

■ 成長曲線モデルを用いたことを述べる．

N-level growth curve modeling was used to estimate the associations between A and B.

N 段階の成長曲線モデルが，A と B の関係を評価するために用いられた．

Three-level growth curve modeling was used to estimate the associations between immigrant status and children's academic trajectories. (23)

3段階の成長曲線モデルが，移民の地位と子供の成績の軌跡の関係を評価するために用いられた．

6.3.20 メタ分析と効果量

■ コーエンの d の範囲を述べる．

Cohen's *d* ranged from A to B.

コーエンの d は A から B であった．

> Cohen's *d* ranged from .31 to .67. (39)
>
> コーエンの d は .31 から .67 であった．

■ 検定力分析における効果量を述べる．

The differences were small to moderate in effect size (d = A).

相違は，効果量では小から中であった (d = A)．

> Both differences were small to moderate in effect size (d = .43). (32)
>
> 両方の相違は，効果量では，小から中であった (d = .43)．

■ メタ分析における Q 統計量が有意であることを表わす．

Significant Q statistics were found for A, B, and C, indicating XXX.

有意な Q 統計量が，A，B，および，C について見いだされた．このことは，XXX ということを示している．

> Significant Q statistics were found for the Liebowitz Social Anxiety Scale, Hamilton Anxiety Scale and Fear of Negative Evaluation Scale, indicating significant heterogeneity across trials in the results from these scales. (27)
>
> 有意な Q 統計量が，リーボウィッツ社会不安尺度，ハミルトン不安尺度，および，否定的評価恐怖尺度について見いだされた．このことは，これらの尺度から得られた結果には，治験を通じて有意な異質性があったことを示している．

6.4 表への言及

■ 表に人口統計学的なデータを示したことを述べる．

Table N summarizes demographic and other key characteristics of the M participants.

表 N に，M 名の参加者の人口統計学的およびその他の重要な特徴の要約を示す．

> Table 1 summarizes demographic and other key characteristics of the 569 subjects. (38)
>
> 表1に，569 名の参加者の人口統計学的およびその他の重要な特徴の要約を

示す．

■ 平均，標準偏差，有意差検定を表に示したことを述べる．

The means, standard deviations, and significance tests for X effects, for Y, are given in Table N.

Yについて，平均，標準偏差，Xの効果の有意差検定が，表Nに示されている．

> The means, standard deviations, and significance tests for age effects, for the post-treatment questionnaire responses, are given in Table 2. （54）
>
> 治療後質問紙への反応について，平均，標準偏差，および，年齢の効果の有意差検定が表2に示されている．

■ 記述統計とモデルの因子負荷量を表に示したことを述べる．

Table N reports the descriptive statistics for X and the standardized factor loadings for Y.

表Nに，Xの記述統計と，Yの標準化された因子負荷量を示す．

> Table 1 reports the descriptive statistics for the variables used in the analysis and the unstandardized and standardized factor loadings for each item in a latent construct. （58）
>
> 表1に，分析に用いられた変数の記述統計と，潜在構造における各項目の標準化されていない，および，標準化された因子負荷量を示す．

6.5 図への言及

■ 図の概要を述べる．

Figure N displays X based on Y.

図NにYに基づくXを示す．

> Figure 1 displays the probability of recalling a word based on the point value of each word. （7）
>
> 図1に，各単語の得点値に基づく単語想起の確率を示す．

■ 図の具体的な内容について述べる．

We constructed plots of X for each Y point [,] for the N blocks of each Z group.

我々は，各Z群のNブロックについて，各Y時点でのXの図を描いた．

> We constructed plots of performance for each training point（averaged over participants' individual training performances）for the first 4 blocks of each learning group. （44）
>
> 我々は，各学習群の最初の4ブロックについて，各訓練時点での成績（参加者の個人的な訓練成績の平均）の図を描いた．

6.6 図表から示された結果

■ 表から示される知見を述べる．

As depicted in Table N, XXX.

表 N に示されているように，XXX が見られた．

> As depicted in Table 1, there were positive linear differences in the age of gambling onset. (46)
>
> 表 1 に示されているように，賭博開始年齢には正の線形の差異が見られた．

■ 図から示される効果を述べる．

Inspection of this figure reveals that XXX.

この図から，XXX ということが明らかである．

> Inspection of this figure reveals that B elicited greater freezing than D. (10)
>
> この図から，D よりも B の方が，より多くのフリージングを誘発したことは明らかである．
>
> （訳者注：ここで D と B は実験で用いられた刺激の名称である）

Column 6 日本人の書いた論文における共通の誤り

　日本の学者や学生が書いた原稿を 35 年間にわたり校閲してきて，いくつかのタイプの誤りがあることに気がついた．このような経験に基づく一般的な示唆を以下に示す．

【題名】

1. **題名が長過ぎる**．不必要に詳細な情報が含まれていることが多い．
2. **題名に必要のないコロンが含まれている**．コロンをやめて，同じことを 1 フレーズで表すことは容易である（例："Infant development of language: Imitation of mothers' verbalizations" → "The role of imitation of mothers in infants' language development."）．
3. **オンライン検索に適していない**．オンラインのデータベース検索で見つかりやすい単語を使うように心がけよう．
4. **才気走った表現を使っている**．才気走った言い回し（「なぜ我が子は話さないのか？（Why Doesn't My Baby Talk?）」など）や引用は，雑誌によっては受理

可能ではある．だが，通常，題名は正確で記述的なもの（「幼児における言語開始の問題（Problems in the Onset of Infant Language）」など）の方がよい．

【要約】
1. 要約の最初の文で，**記事の題名を繰り返している**．これは不必要である．
2. **説明されない略語を使用している**．たとえば，頭字語（MMPI, WISC）は，初出時に綴るべきである．
3. **結果をリストアップしている**．結果を順番にならべるのではなく，興味深い順に並べるべきである．
4. **受動態を使っている**．受動態はさけて，能動態を使おう．
5. **時制が不自然である**．方法と結果は過去形で，結果の意味づけは現在形にしよう．
6. **情報源が書かれていない**．測定法，出版物，あるいはマニュアルの引用文献や情報源を明記する必要がある．
7. **解釈や結論がない**．何らかの解釈や結論を必ず書くようにしよう．
8. **評価を書いてしまう**．評価は，良い場合も悪い場合も行わない．
9. **よく知られていない地名が書かれている**．場所（市）を書く場合は，日本国外でよく知られた場所（東京，大阪など）以外は，県と国も書く．
10. **専門分野が完全に同じ研究者にしか通用しないような用語を使っている**．高度に専門家された研究者しかわからない専門用語を用いると読者は意味がわからなくなる．可能かつ適切であれば，専門用語より易しい単語を使う方がよい．
11. **専門用語を使うべき所で使っていない**．専門用語の方が適切である場合もある．たとえば, people you know / people you don't know（知っている人たち / 知らない人たち）というような表現よりは, ingroups / outgroups（内集団 / 外集団）という専門用語を使った方がよい．
12. **長すぎる，または，短すぎる**．要約は，長過ぎず，短すぎず，丁度良い長さにする．英語では，丁度よい長さのことを，ゴルディロックスという女の子が登場する有名な童話にもとづいて，「3匹のくま（Goldilocks and the Three Bears）」という．

【キーワード】
1. **キーワードが多すぎる**．できれば，2, 3個におさまるように心がける．
2. **キーワードの選び方が誤っている**．最も重要な概念を表すキーワードを選ぶようにしよう．題名や要約からの単語をそのまま用いてもよい．
3. **あまりに特殊なキーワードを使っている**．キーワードは，関係する読者をひきつけるために，ある程度特殊でなければならない．しかし，あまりに特殊すぎて，

検索される確率が低くなってはならない．
4. **あまりに一般的なキーワードを使っている**．あまりに一般的なキーワードはさける（children, development, family など）．
5. **学会で認知されていないキーワードを使っている**．APA でうまく同定されるように，できれば，Thesaurus of psychological index terms (Tuleya, 2007) を使う．
6. **日本語のキーワードを使っている**．日本語のキーワードは，それが一般的な読者によく知られている場合にのみ用いることができる．
7. **学会で一般的に用いられるフレーズを用いていない**．単語のリスト（autism, children, learning）だけではなく，フレーズや複合名詞（behavior modification, autistic children）も積極的に用いるべきである．だが，そのフレーズは一般的に用いられるものでなければならない（たとえば，relationships between mothers and children ではなく，mother-child relations とする）．

【論文全般】

1. **フォントサイズ，フォントスタイル，マージンに誤りがある**．論文原稿は，12 ポイントの Times New Roman のフォント（このフォントだけが受理可能というわけではないが，最もポピュラーなフォントである）で，8.5 インチ× 11 インチの用紙（審査者があなたの原稿を印刷することもあるので，北米圏に投稿する場合は，日本の国内規格である A4 よりも，北米でよく使われるレターサイズが望ましい）に，1 インチのマージンで投稿される必要がある．ワープロソフトによっては，デフォルト値のマージンが大きすぎることがあるので注意しよう．
2. **翻訳調で書かれている**．日本語から直接翻訳された論文は，すぐにそれと分かる．内容の概要を日本語で書いてもよいが，日本語の直訳でない方が，自然な英語になる．これは，題名や要約においてもしばしば見られる．
3. **論文の各節が，量的にアンバランスである**．著者によって，節（Introduction, Method, Results, Discussion）の一部が，長過ぎたり，短すぎたりする．
4. **結果に含まれていない内容を考察で議論している**．考察は，研究の結果に焦点を合わせるべきであり，追加的な結果について論じるべきではない．
5. **重要な結果を強調していない**．結果には，重要な結果と重要でない結果が含まれていてもよい．だが，読者は，もっとも重要な結果を一番先に知る必要がある．結果は重要性の順に書き，あまりに重要でない結果は削除すべきである．
6. **謙遜（modesty），自己賞賛（self-praise），自己批判（self-criticism）の間のバランスが悪い**．自己賞賛と自己批判の両方が必要である．自己賞賛ばかりでは困る．一方，日本人著者の中には，謙虚すぎて自らの研究にクレームをつけたがる人もいる．

7. **結果の記述が詳細すぎる**．修士論文や博士論文では，ジャーナル論文よりも詳細な結果の記述が必要とされる．一方，ジャーナル論文の結果があまりに詳細すぎると，読者がそれらの意味を理解できず，より重要な結果を同定できないことになる．
8. **論文の各セクション間のつながりが欠如している**．最も多いのは，序文や考察と，実際の研究報告の間の間につながりがない原稿である．
9. **校閲が不十分である**．論文は，心理学英語論文の経験がある著者により校閲を受けるべきである．校閲を行う人は，英語のネイティブである必要はない．日本人の心理学者の方が，心理学者ではないネイティブよりよい．
10. **専門用語の使用に誤りがある**．たとえば，直訳時に辞書から単に引用したために，その使い方が誤っていることがある．あるいは，特定の専門家以外は理解できないような先行研究から引用されたために，内容がうまく伝わらない原稿も見受けられる．
11. **引用文献が少なすぎる，あるいは，多すぎる**．少なすぎると，他の研究とつながりがないように思われる．逆に，多すぎると，学位論文を縮めたものかテクニカルレポートのように見えてしまう．

［デイビッド・シュワーブ ＆ バーバラ・シュワーブ］

引用文献
Tuleya, L. G. (2007). *Thesaurus of psychological index terms* (11th Edition). Washington, DC: American Psychological Association.

7. 考　　察
Discussion

考察のポイント

【内容】
　考察の節の主な目的は，**結果の評価と解釈を読者に呈示することである**．そのために，一般的な考察では，まず，次の3点について論じる．
1. **目的と結果を再確認する**．
2. **得られた結果と仮説や先行研究との一致や不一致について論じる**．
3. **得られた結果の意味や解釈についての議論を展開する**．結果が仮説や理論と一致しない場合には事後的な説明を試みる．

さらに，必要に応じて次の2点についての議論を展開する．

4. **研究の問題点を全て列挙し，結果の一般性を限定する**．著者は研究の欠陥を列挙することに躊躇しがちだが，全ての問題点を最初からオープンにする方が最終的によい結果を招く確率が高い．
5. **研究の重要性や発展性や意義などの結論を述べる**．これらの部分は，読者が研究の本質を理解するための要である．直接的でわかりやすい表現が必要である．

［考察の内容と構成については，考察の構成については，APAマニュアルの31-32ページを参照されたい．］

【書式】
　序文，方法，結果の節と同様に，ひとつの研究を報告する論文では，改ページせずに，Discussionという見出しを，「レベル1の見出し（センタリング，ボールド体，主要語の語頭を大文字）」で書く．結果を下位項目に分けて記述する場合には，「レベル2の見出し（左寄せ，ボールド体，主要語の語頭を大文字）」や「レベル3の見出し（字下げとピリオド，ボールド体，文頭の文字のみ大文字）」を用いる．
　一方，複数研究を報告する論文では，実験の番号（Experiment 1, Experi-

ment 2 など）をレベル 1 とし，Discussion をレベル 2，下位項目をレベル 3 とする．いずれの場合も，Method, Results, Discussion という見出しは同一のレベルにそろえること．［考察の書式の実際例については，APA マニュアル日本語版の 44 ページに掲載されている原稿サンプルを参照されたい．］

【ヒント】

考察の最初の部分では，目的や計画の再確認，得られた結果の要約，および，仮説や先行研究との一致などについて述べる．そこで，本章の前半では，それらの記述に役立つ例文を収録した．

次に，本章の後半では，心理学研究において結果の解釈の議論を行うために役立つ例文を掲載した．第 1 章でも述べたように，これらの例文を参照しながら主要な文章を作成し，後でそれらの間を埋める文章を書いていけば，初心者でも充実した考察を構築することができる．

さらに，本章では，研究の問題点，重要性，発展性などについて述べる表現も掲載した．これらの表現を自然に使いこなすことができれば，あなたの科学的なコミュニケーション能力はより充実するだろう．

審査者を充分に納得させるような考察を執筆するためには，本章で紹介する表現に加えて，科学論文に共通して用いられる多種多様な科学英語を駆使しなければならないこともあるだろう．したがって，執筆に必要な例文を見つけだすためには，まず，本章を参照し，次に，他章を参照し，さらに，一般的な科学論文の参考書を参照することを勧める．

7.1　目的・仮説・内容の再確認

7.1.1　目的の再確認

■ 研究の主な目的を再確認する．

The main purpose of this study was to examine whether XXX.
本研究の主な目的は，XXX かどうかを調べることであった．

> The main purpose of this study was to examine whether the association between grandparent involvement and adolescents' adjustment varied across different family structures.　(2)
>
> 本研究の主な目的は，祖父母の関与と青年の適応の間の関係が家族構造の差異によって異なるかどうかを調べることであった．

7.1.2 仮説の再確認

■ 仮説を再確認する．

The present study was conducted to test the hypothesis that XXX.
本研究は，XXX という仮説を検証するために行われた．

> The present study was conducted to test the initial hypothesis that childhood personality attributes are associated with adult health.　(38)
>
> 本研究は，幼年時代の性格属性が成人時の健康と関係があるという初期の仮説を検証するために行われた．

7.1.3 内容の再確認

■ 実験的な操作を再確認する．

X was manipulated by instructing groups to YYY.
YYY するようにグループに教示することにより，X が操作された．

> In the present study, team reflection was manipulated by instructing groups to reflect before the group task only.　(59)
>
> 本研究では，グループに課題前だけ熟考するように教示することにより，チームの熟考が操作された．

■ ある可能性を排除する必要があったことを再確認する．

To rule out this possibility, it was necessary to assess the effect of X on Y in a design in which ZZZ.
この可能性を排除するために，ZZZ のデザインにおいて，X が Y に及ぼす効果を評価することが必要であった．

> To rule out this possibility, it was necessary to assess the effect of perceptual load on CS detection in a design in which the RT for the letter search task was equal in the low and high perceptual load conditions.　(43)
>
> この可能性を排除するためには，高知覚的負荷条件と低知覚的負荷条件で文字検索課題の RT が等しくなるようなデザインにおいて，知覚的負荷が CS の検出に及ぼす効果を評価することが必要であった．
>
> （訳者注：RT；reaction time，反応時間）

7.2　知見の再確認

7.2.1　主な知見

■ 今回の研究の主な結果を述べる．

The main findings of the study showed that XXX.

本研究の主な知見は，XXX ということを示した．

> The main findings of the study showed that greater grandparent involvement was associated with fewer emotional problems and with more prosocial behavior. (2)
>
> 本研究の主な知見は，祖父母の関与が大きいほど情動的な問題が少なくなり，かつ，向社会的行動が多くなることを示した．

■ 研究の主な結果を述べる．

The present study shows [/showed] that XXX.

本研究は，XXX ということを示している [/示した]．

> The present study shows that ERPs add to RTs in the evaluation of decision making, and allow evaluating ongoing brain processes, while decision making under affective influences takes place. (56)
>
> 本研究は，意思決定の評価において ERP が RT の一助となり，感情的な影響下にある意思決定が起こっている間に進行する脳活動を評価することを可能にする，ということを示している．
>
> （訳者注：ERP；event related potential，事象関連電位，RT；reaction times，反応時間）

■ 全体的な知見を要約する．

These findings generally show that XXX.

これらの知見は，総じて，XXX ということを示している．

> Thus, these findings generally show that men who are homeless, especially those in a shelter setting, are well aware of the barriers in their recovery. (41)
>
> それゆえ，これらの知見は，ホームレスの男性，特に，シェルターという環境にいる男性は，立ち直りを妨げる障壁を十分承知している，ということを総じて示している．

7.2.2　重要な知見

■ 研究の最も重要な知見について述べる．

The most important finding of this study is[/was] X.

本研究の最も重要な知見は，X である [/あった]．

> The most important finding of this study is the occurrence of spatial updating in the SL condition. (42)
>
> 本研究の最も重要な知見は，SL 条件において空間的更新が起こることである．
>
> （訳者注：SL；spatial language，空間的言語）

■ もうひとつの重要な知見を述べる．

Another key finding was that XXX.

もうひとつの重要な知見は，XXX ということであった．

Another key finding was that EXAM's ability to more accurately predict human transfer behavior held across training situations that varied with regard to the presence of tick marks.　(44)

もうひとつの重要な知見は，目盛りの存在に関して異なる様々な訓練場面を通して，転移行動をより正確に予測する EXAM の能力が保たれたことであった．

（訳者注：EXAM；extrapolation-association model，外挿連合モデル）

7.3　先行研究への言及

7.3.1　先行研究の要約

■ 序文で述べた成果に言及する．

As noted in the introduction to this article, XXX.

本論文の序文において言及したように，XXX．

> As noted in the introduction to this article, naturalistic paradigms reveal substantial covariation between contexts and responses that can form the basis for outsourcing behavioral control.　(62)
>
> 本論文の序文において言及したように，自然観察法のパラダイムは，行動制御を外部に委託する基盤となる文脈と反応の間の実質的な共変動を明らかにしている．

7.3.2　先行研究の矛盾

■ 先行研究の理論的争点について述べる．

The central theoretical issue is XXX.

主要な理論的争点は，XXX ということである．

> The central theoretical issue is what kinds of learning processes and representations are associated with the learning and transfer evidenced herein.　(44)
>
> 主要な理論的争点は，どのような種類の学習過程と表象が，ここで立証された学習と転移に関わっているのか，ということである．

■ 先行研究により結果が異なることを述べる．

X varied considerably across studies.

X は，研究によりかなり異なっていた．

> Effect sizes and odds ratios in some cases varied considerably across studies.　(27)
>
> いくつかの事例における効果量とオッズ比は，研究によってかなり異なっていた．

■ 先行研究における矛盾した知見について述べる．

The literature shows inconsistent findings (Author, year), with some studies reporting XXX (Author, year) whereas others report YYY (Author, year).

文献では，矛盾した知見が報告されており（著者，発表年），いくつかの研究は，XXX ということを報告している（著者，発表年）．一方，他の研究は，YYY ということを報告している（著者，発表年）．

> The literature shows inconsistent findings (van Vreeswjik & de Wilde, 2004), with some studies reporting patients to be less specific in response to positive cues (McNally, Litz, Prassas, Shin, & Weathers, 1994; Williams & Scott, 1988), whereas others report OGM effects in response to negative cues, rather than positive and neutral cues (Jones et al., 1999; Mackinger, Pachinger, Leibetseder, & Fartacek, 2000). (36)
>
> 文献では，矛盾した知見が報告されており（van Vreeswjik & de Wilde, 2004），いくつかの研究は，患者がポジティブな手がかりに対してあまり特異性を示さないことを報告している（McNally, Litz, Prassas, Shin, & Weathers, 1994; Williams & Scott, 1988）．一方，他の研究は，ポジティブやニュートラルな手がかりよりも，むしろネガティブな手がかりに対して，OGM 効果が見られることを報告している（Jones et al., 1999; Mackinger, Pachinger, Leibetseder, & Fartacek, 2000）．
>
> （訳者注：OGM；overgeneral memory bias，概括化された記憶偏向，過度に一般化された非特異的な記憶への偏りのこと）

7.4 仮説や予測との一致と不一致

7.4.1 仮説や予測との一致

■ 仮説が支持されたことを述べる．

Support was found for the hypothesis that XXX.

XXX という仮説が支持された．

> Support was found for the hypothesis that participants experiencing just world threat would view an unrelated negative event more in immanent justice terms than would participants not experiencing just world threat. (6)
>
> 公正な世界の脅威を経験した参加者は，それを経験していない参加者と比べて，関連のないネガティブな事象を内在的正義の言葉でとらえる傾向があるという仮説が支持された．

■ 結果が予測を証明したことを述べる．

The results provided evidence consistent with the X predictions.

結果は，X の予測と一致する証拠をもたらした．

> The results provided evidence consistent with the experimental predictions. (18)

結果は，実験的予測と一致する証拠をもたらした．

7.4.2 仮説や予測との不一致

■ 結果が予測を確認しなかったことを述べる．

These findings were contrary to the [/our] predictions [,] which were based on X.

これらの知見は，予想に反していた．その予想は，X に基づいていた．

> These findings were contrary to our predictions, which were based on longitudinal research highlighting the ameliorative impact that adaptive spiritual coping strategies typically have over time. (61)
>
> これらの知見は，予想に反していた．その予想は，適応的でスピリチュアルな対処法が長い年月をかけて示す改善的な効果に焦点を当てた縦断的研究に基づくものであった．

■ 特定の理由から，結果がある仮説を部分的にしか支持しないことを述べる．

The results of the [/our] analyses only partially supported this hypothesis, as XXX.

XXX ということから，この [/我々] の分析結果はこの仮説を部分的に支持したにすぎない．

> The results of our analyses, however, only partially supported this hypothesis, as the two student community measures operate somewhat differently in the model. (58)
>
> しかし，学生共同体についての2つ測度がモデルの中でやや異なる作用をするため，我々の分析結果はこの仮説を部分的に支持したにすぎない．

7.5 先行研究との一致と不一致

7.5.1 先行研究との一致

■ 得られた結果が先行研究の知見と一致することを述べる．

These results were consistent with the findings of Author (year), that X was a strong predictor of Y.

これらの結果は，X が Y を強く予測するという著者（発表年）の知見と一致していた．

> These results were consistent with the findings of Galea et al. (2007) and Kessler et al. (2008), that being a member of a displaced group was a strong predictor of psychological trauma after Hurricane Katrina. (3)
>
> これらの結果は，退去群の一員であることがハリケーン・カトリーナ後の心的外傷を強く予測するという Galea ら（2007）および Kessler ら（2008）の

知見と一致していた.

■ 得られた結果が先行研究の結果を支持することを述べる.

The present data offer further corroboration of the findings of Author (year).

今回のデータは,著者(発表年)の知見にさらなる確証を与える.

> The present data offer further corroboration of the findings of Mills et al. (2007) and Galea et al. (2008). (3)
>
> 今回のデータは,Mills ら(2007)と Galea ら(2008)の知見にさらなる確証を与える.

7.5.2 先行研究の再現

■ 結果が先行研究の知見を再現したことを述べる.

The present research replicated Xs that have been observed in previous work.

本研究は,先行研究で観察されてきた X を再現した.

> The present research also replicated relations among the three domains that have been observed in previous work. (9)
>
> 本研究は,先行研究で観察されてきた3つの領域間の関係もまた再現した.

■ 結果が先行研究のアイデアを支持することを述べる.

This finding provides further empirical support for the assertion that XXX.

この知見は,XXX という主張に対してさらなる経験的な支持を与える.

> This finding provides further empirical support for the assertion that political ideology comprises two components. (9)
>
> この知見は,政治的思想は2つの構成要素からなるという主張に対してさらなる経験的な支持を与える.

7.5.3 先行研究の拡張

■ 得られた知見が先行研究を支持し拡張することを述べる.

The present results [/findings] support and extend Author's (year) important work demonstrating that YYY.

今回の知見は,YYY ということを例証した著者(発表年)の重要な研究を支持し拡張する.

> The present findings support and extend Raman and Winer's (2002, 2004) important work demonstrating that adults under certain circumstances will engage in immanent justice reasoning. (6)
>
> 今回の知見は,ある一定の環境のもとで大人は内在的正義推論を行うことを

例証した Raman と Winer（2002, 2004）の重要な研究を支持し拡張する．

7.5.4　先行研究との不一致

■ 先行研究の知見と一致しないことを述べる（過去形 contrasted の方がよい）．

These findings contrast[ed] with those of Author (year), who found that XXX.

これらの知見は，XXX を見いだした著者（発表年）の知見とは対照的である[/あった]．

> These findings contrast with those of Lewis and Neighbors (2004), who found that gender nonspecific and opposite-sex norms did not account for drinking.　(39)
>
> これらの知見は，性別にかかわらず異性の規範が飲酒を説明しないことを見いだした Lewis と Neighbors（2004）の知見とは対照的である．

■ ある現象が再現されず，先行研究の知見と矛盾することを述べる（過去形 contradicted の方がよい）．

In the current study, X failed to YYY. This finding contradicts [/contradicted] work by Author (year) who found that ZZZ.

本研究では，X が YYY することができなかった．この知見は，ZZZ ということを見いだした著者（発表年）の研究と矛盾する [/した]．

> In the current study, caffeine failed to reverse ethanol-induced learning deficits. On the surface, this finding contradicts work by Silva and Frussa-Filho (2000), who found that caffeine reversed memory deficits in mice when coadministered with a memory-impairing dose of the benzodiazepine chlordiazepoxide.　(21)
>
> 本研究では，カフェインは，エタノールにより誘発される学習欠損を覆すことができなかった．この知見は，Silva と Frussa-Filho（2000）の研究と表面上矛盾する．彼らは，マウスにおいて，記憶に欠損を発生させる量のベンゾジアゼピン系のクロルジアゼポキシドと同時投与した場合に，カフェインが記憶欠損を覆すことを見いだしたのである．

7.6　知見の意味

7.6.1　示唆

■ データの示唆について述べる（現在形がよい）．

The data suggest [/indicate] that XXX.

これらのデータは，XXX ということを示唆している [/示している]．

> These data suggest that in the face of age-related decline across many basic

cognitive abilities, seasoned older professionals may use alternative strategies (Backman & Dixon, 1992) that employ domain-relevant knowledge to efficiently manage complex sociotechnical systems.　(47)

これらのデータは，経験豊かな高齢の専門家が，多くの認知能力にまたがる加齢性の能力低下に直面した場合，複雑な社会技術システムを効果的に統制するために，領域関連知識を用いた代替的な戦略（Backman & Dixon, 1992）を使うかもしれないことを示唆している．

■ 部分的影響についての示唆を述べる．

Other evidence suggests that X is partially influenced by Y.

他の証拠は，X が Y に部分的に影響されることを示唆している．

> Other evidence suggests that the perceived reliability of feature representation is partially influenced by the relative predictiveness of categorical identity.　(24)
>
> 他の証拠は，特徴表象の認知される信頼性がカテゴリーの個性の相対的予測性に部分的に影響されることを示唆している．

7.6.2　理論的・実践的な帰結

■ 結果の意味を述べる．

The results of our study imply that XXX.

我々の研究結果は，XXX ということを意味している．

> The results of our studies imply that decision making in categorization is at least partially dependent on how features are encoded and on what level of feature representation seems most reliable in a given context.　(24)
>
> 我々の研究結果は，分類における意思決定が，特徴がどのようにコード化されるか，および，所定の文脈においてどのレベルの特徴表象が最も信頼できるかに少なくとも部分的に依存していることを意味している．

■ 結果が例証することを述べる．

The results of the analyses illustrate that XXX.

我々の分析結果は，XXX ということを例証する．

> The results of our analyses illustrate that sociocontextual factors such as school climate and relationships with others at school have a potential role in preventing dangerous behavior at school.　(58)
>
> 我々の分析結果は，校風と学校における他者との関係のような社会文脈的要因が，学校での危険な行動の防止においてある役割をはたす可能性があることを例証する．

■ 研究が実証したことを述べる．

This study demonstrated that XXX.

本研究は，XXX ということを実証した．

> This study demonstrated that Japanese children and adolescents differ in the relative value they place on cooperation, individualism and interpersonalism. (54)
>
> 本研究は，日本人の子どもと青年では，協力，個人主義，および，対人関係主義に対して持つ相対的な価値が異なることを実証した．

■ 結果が主張することを述べる．

The results reported herein argue that XXX.

ここで報告された結果は，XXX ということを主張する．

> The results reported herein argue that the CGI-I is indeed an effective method of assessing clinical change in a subject. (26)
>
> ここで報告された結果は，CGI-I が被験者の臨床的変化を評価するためのまさに効果的な方法であることを主張する．
>
> （訳者注：CGI-I；clinical global impression-improvement scale，臨床全般印象改善尺度）

■ 研究があることの重要性を示すことを述べる．

This work has underlined the importance of X.

本研究は，X の重要性を強調した．

> This work has underlined the importance of deservingness in defining reactions to the fate of others. (6)
>
> 本研究は，他者の運命に対する態度の明確化における当然性の重要性を強調した．

■ 結果を総合して確認されることを述べる．

Taken together, our results confirm X [/that XXX].

総合すると，我々の結果は X [/ XXX ということ] を確認する．

> Taken together, our results confirm two major ways in which anticipatory time perception determines temporal discounting. (35)
>
> 総合すると，我々の結果は，予期的な時間知覚が時間割引を決定する 2 つの主な道筋を確認する．

7.7　知見の説明・原因・理由

7.7.1　説明

■ ある結果に説明を与える．

A possible explanation for X might be Y.

X の可能な説明のひとつとしては，Y が挙げられるかもしれない．

> A possible explanation for the absence of the risk amplification pattern might be the nature of the sample. (22)

危険増幅パターンが見られなかったことについて考えられるひとつの説明としては，サンプルの性質が挙げられるかもしれない．

■ 知見が部分的に説明されることを述べる．

This result may be explained in part by X.

この結果は，X により部分的に説明されるかもしれない．

> This result may, in part, be explained by the discrete levels of community tapped by these measures. (58)
>
> この結果は，これらの測度により捉えられた共同体のレベルが離散的であることにより，部分的に説明されるかもしれない．

■ 他の説明が考えられることを述べる．

An alternative explanation for the results of Experiment N is that XXX.

実験 N の結果の代わりの説明としては，XXX ということが挙げられる．

> An alternative explanation for the results of Experiment 3 is that unitization may increase the speed of the recollection process. (12)
>
> 実験 3 の結果の代わりの説明としては，結合化が回想過程の速度を増加させるかもしれない，ということが挙げられる．

■ 結果の説明が複数あることを述べる．

There are N notable theoretical accounts that could explain X. According to the Y account, AAA. Alternatively, the Z account suggests that BBB.

X を説明できる N 個の注目すべき理論的説明がある．Y による説明によれば，AAA であるとされる．あるいは，Z による説明によれば，BBB ということが示唆される．

> There are two notable theoretical accounts that could explain the lack of effect of either novelty or cocaine after a long retention interval: stimulus generalization or the context-change account of forgetting. According to the stimulus generalization account, recall of detailed stimulus properties within a learning situation is transient because specific attributes of stimuli are forgotten. Alternatively, the context-change account suggests that perception of contextual cues present at the time of conditioning change with the passage of time. (49)
>
> 長い保持間隔の後では新奇性とコカインのどちらも効果がないことを説明できる 2 つの注目すべき理論的説明がある．すなわち，忘却の刺激般化，あるいは，文脈変化による説明である．刺激般化による説明によれば，刺激の特定の属性が忘却されるために，学習場面内の詳細な刺激特性の想起は一過性のものであるとされる．もうひとつの考え方として，文脈変化による説明によれば，条件づけの時に存在した文脈手がかりの知覚が時間経過とともに変化することが示唆される．

■ 結果が真の群間差を反映しているのか，それとも偶然なのかを決定できないことを述べる．

It cannot be determined whether X reflects genuine group [/sex] differences, or if it merely occurred by chance.

X が，真の群間差 [/性差] を反映しているのか，それとも，単なる偶然によるものなのかについては，判断することができない．

> However, it cannot be determined whether this observation reflects genuine sex differences, the greater level of running in females than in males, or if it merely occurred by chance.　(33)
>
> しかしながら，この観察結果が，雄よりも雌の方が走行レベルが高いという真の性差を反映しているのか，それとも，単なる偶然によるものなのかについては，判断することができない．

7.7.2　原因・理由

■ 知見の理由を述べる．

A possible contributor to this finding might have been X.

この知見の一因としては，X が挙げられるかもしれない．

> A possible contributor to this finding might have been attenuation in the homeless group.　(22)
>
> この知見の一因としては，ホームレスグループの弱化ということがあったのかもしれない．

■ 知見の他の理由を述べる．

A more plausible reason for the finding could be that XXX.

この知見のよりもっともらしい理由としては，XXX ということが考えられる．

> A more plausible reason for our finding could be that, given that the experience of interacting with the ATC simulation platform is analogous to playing an interactive video game, younger inexperienced adults are much better suited for such tasks compared with their older counterparts.　(47)
>
> 我々の知見のよりもっともらしい理由としては，ATC シミュレーションプラットホームとの対話的なやり取りが対話型ビデオゲームで遊ぶことと類似しているとすれば，若年の非経験者が年配の非経験者と比べてそのような課題にはるかに向いているため，ということが考えられるだろう．

■ 天井効果が原因であることを述べる．

X may be attributed to the fact that performance of the Y may have been too easy, producing a ceiling effect.

X は，Y を行うことがあまりにやさしかったために，天井効果を生みだしていたかもしれない，ということに帰されるかもしれない．

> The failure to obtain a significant effect in Cond. Dm+ may be attributed, in part, to the fact that the performance of the correct response may have been too easy, producing a ceiling effect. (18)
>
> Dm + 条件で有意な効果が見られなかったことは，正反応の遂行があまりにやさしかったために，天井効果を生みだしていたかもしれない，ということに部分的に帰されるかもしれない．

■ 先行研究の知見が得られなかった理由を 2 つ述べる．

This was not the case in the present study for N reasons. First, XXX. A second explanation concerns Y.

このことは，本研究では見られなかった．それには 2 つの理由が考えられる．第一に，XXX である．第二の説明は Y に関するものである．

> This was not the case in the present study for two reasons. First, on self-report measures and in most Western game-playing tasks thought to tap competitive motivation, behavior which maximizes the individual's rewards (individualistic acts) is defined as competitive. (略) A second explanation concerns cultural values. (54)
>
> このこと（訳者注：「欧米の男子は青年期により競争的になる」という先行研究の知見をさす）は，本研究では見いだされなかった．それには，2 つの理由が考えられる．第一に，競争的動機づけをとらえているとされる自己報告型の尺度，および，欧米のゲーム遊び型課題では，個人の報酬を最大化する行動（個人主義的な行為）が競争的と定義されていることである．（略） 第二の理由は，文化的な価値観に関するものである．

7.7.3 推論

■ 推論を述べる．

We speculate that XXX.

我々は，XXX であると推論する．

> We speculate that attention to action is another factor that promotes activation of goals despite continued repetition. (62)
>
> 我々は，行為に対する注意が，連続反復にも関わらず目標活性化を促進するもうひとつの要因であると推論する．

■ 今回の知見と過去の知見を照らし合わせて，ある推論を述べる．

On the basis of the present study, as well as previous research, it seems reasonable to XXX.

本研究，および，先行研究から，XXX することは妥当であるように思われる．

> On the basis of the present study, as well as previous research, it seems reasonable to distinguish between two very different decision-making contexts. (57)
>
> 本研究，および，先行研究を基盤とすれば，2 つの全く異なる意思決定の文

脈を区別することは妥当であるように思われる．

7.8 知見の重要性と貢献

7.8.1 重要性
■ 過去の知見を考えると，ある知見が特に重要であることを述べる．

This is especially important, as [/because/in that] XXX.

XXX なので，このことは特に重要である．

> This is especially important, as research shows that the emotional benefits of grandparent contact may persist into adulthood.　(2)

> 祖父母との接触の情動的な利点が成人まで続くことを示す研究があるので，このことは特に重要である．

7.8.2 貢献
■ 今回の結果が文献に数多くの点で貢献することを述べる．

The results from [/of] this study contribute to the X literature in a number of ways.

本研究の結果は，X についての文献に数多くの点で貢献する．

> The results from this study contribute to the discrimination-health literature in a number of ways.　(32)

> 本研究の結果は，差別と健康の文献に数多くの点で貢献する．

■ あるトピックの理解に重要な寄与を行うことを主張する．

The present study advances the X literature by demonstrating YYY.

本研究は，YYY を例証することにより，X の文献に重要な寄与を行う．

> The present study advances the executive coaching literature by demonstrating the perceived efficacy of this increasingly popular form of development.　(48)

> 本研究は，普及しつつあるこの開発法の目に見える形での効力を例証することにより，経営者コーチングの文献に重要な寄与を行う．

■ あるトピックをこれまでとは異なる方法で調べたという貢献を述べる．

We examined X under conditions that have received very little attention in the literature.

我々は，これまでの文献ではほとんど注目されてこなかった条件のもとで，X を調べた．

> We examined function learning and extrapolation under exposure conditions that have received very little attention in the literature.　(44)

我々は，これまでの文献ではほとんど注目されてこなかった露出条件のもとで，関数学習と外挿を調べた．

■ あるトピックを調べた最初の研究であることを述べる．

This study was [/is] the first to examine X.

本研究は，X を調べた最初の研究であった [/ある]．

> This study is the first to examine age differences in the demographic characteristics and gambling preferences of casino self-excluders. (46)
>
> 本研究は，カジノの自己排除者の人口統計学的特徴と賭博選好における年齢差を調べた最初の研究である．

7.9 限界・長所と短所

7.9.1 限界

■ 研究の問題点に注意を促す良い表現．

When interpreting the results of X, readers should bear several caveats in mind.

X の結果を解釈する際には，いくつかの重要な警告を心に留めておくべきである．

> When interpreting the results of the present study, readers should bear several caveats in mind. (58)
>
> 今回の研究結果を解釈する際には，いくつかの重要な警告を心に留めておくべきである．

■ 研究の限界を述べる．

One limitation of the study was its reliance on X.

本研究の限界のひとつは，X のみに依存したことであった．

> One limitation of the study was its reliance on single informant (i.e., adolescent self-report) measurement of parent-adolescent violence. (22)
>
> 本研究の限界のひとつは，親 – 青年の暴力について単一の情報提供者（すなわち，青年の自己報告）による測度のみに依存したことであった．

■ 研究の限界について述べる（明瞭で簡潔）．

Several limitations require consideration concerning X.

X に関しては，いくつかの限界について考慮する必要がある．

> Several limitations require consideration concerning this study. (27)
>
> 本研究に関しては，いくつかの限界について考慮する必要がある．

7.9.2 長所と短所

■ 研究の長所を述べる．

The present study has [/had] a number of strengths, including A [, B, and C].

本研究は，A [，B，C] を含む，数多くの長所を持っている [/いた]．

> The present study has a number of strengths, including the integration of a unique set of stress inductions and multiple methodologies（electrophysiological, overt behavior, self-report mood）into a unified experimental paradigm. (60)
>
> 本研究は，ストレス誘導の独自の組み合わせと複数の方法論（電気生理学的，観察可能な行動，および，自己報告による気分）を単一の実験パラダイムに統合することを含む，数多くの長所を持っている．

■ 短所はあるが，ある考えを支持することを述べる．

Despite these limitations, the [/our] study provides support for the notion that XXX.

これらの限界があるにもかかわらず，この [/我々の] 研究は XXX という考えを支持する．

> Despite these limitations, our study provides support for the notion that actual control of background sounds can have a negative effect on tinnitus interference. (28)
>
> これらの限界があるにもかかわらず，我々の研究は，背景音を実際に制御することが耳鳴りの干渉性に対して負の効果を持つ可能性があるという考えを支持する．

7.10 今後の展開の可能性

7.10.1 追試の必要性

■ 追試を正当化し，その内容を示唆する．

Clearly, replication of this [/our] study is necessary, and future studies should XXX.

明らかに本 [/我々の] 研究の追試が必要であり，将来の研究は XXX を行う必要がある．

> Clearly, replication of our study is necessary, and future studies should directly compare the performance of monkeys presented with analogical problems in this manner to the performance of monkeys that are required to solve the problem with no other prior problem-solving experience. (34)
>
> 明らかに，我々の研究の追試が必要であり，将来の研究は，アナロジー課題をこのように呈示されたサルの成績を，事前の問題解決経験が他にない状態でその問題を解くことを要求されたサルの成績と，直接比較するべきであ

る．

■ 追試の必要性を述べ，他の母集団でも再現されるべきであることを述べる．

The results are therefore limited to X, and they need to be replicated with Y populations.

したがって，これらの結果は X に限定されるものであり，Y の母集団で再現される必要がある．

> The results are therefore limited to survivors of physical assaults, and they need to be replicated with other trauma populations.　(36)
>
> したがって，これらの結果は身体的暴行の生存者に限定されるものであり，他のトラウマの母集団で再現される必要がある．

7.10.2 今後取り組むべき問題

■ 将来の研究が取り組むべき問題を述べる．

One [/Another] question worthy of future research is how XXX.

将来の研究に値するひとつの [/もうひとつの] 問題は，どのように XXX するのかということである．

> Another question worthy of future research is how self-esteem derived from different aspects of the worldview relates to MS-produced worldview defense.　(25)
>
> 今後研究に値するもうひとつの問題は，世界観の異なった側面に由来する自尊心が，MS により生ずる世界観の防衛にどのように関係するのかということである．
>
> （訳者注：MS；mortality salience, 死の顕現性）

■ 頑健性の検証が必要であることを示唆する．

Future researchers should examine the extent to which the Xs are robust across different Ys.

今後の研究者は，X が異なる Y を通じて頑健である程度を分析する必要がある．

> Future researchers should examine the extent to which these results are robust across different participant samples and across different measures of the constructs.　(9)
>
> 今後の研究者は，これらの結果が，異なる参加者標本，および，この構成概念についての異なる尺度を通じて，頑健である程度を分析する必要がある．

■ 今回の研究から促される研究上の問題について述べる．

A general question prompted by the present research is why XXX.

本研究から喚起される一般的な疑問は，何故 XXX なのか，ということである．

> A general question prompted by the present research is why the behavioral effects of

the conditioned rewarding effects of novelty or cocaine do not survive indefinitely. (49)

本研究から喚起される一般的な疑問は，新奇性やコカインの条件性報酬効果が持つ行動上の効果がどうしていつまでも続かないのか，ということである．

7.10.3　よりよい方法論の示唆

■ より厳密な方法を示唆する．

This methodology [probably] provides a [more] stringent test of the hypothesis that XXX.

おそらく，この方法論により，[おそらく] XXX という仮説の [より] 厳密な検証が可能になるだろう．

> This methodology probably provides a more stringent test of the hypothesis that control over uncontrollable internal events (i.e., tinnitus) has a negative long-term effect regardless of the intent or knowledge of the participant. (28)

> おそらく，この方法論により，制御不能である内的な事象（すなわち，耳鳴り）の制御は参加者の意図や知識にかかわらず長期にわたり負の効果を持つという仮説のより厳密な検証が可能になるだろう．

■ より洗練化された分析と縦断的なデザインが必要であることを述べる．

Further testing of this model with longitudinal data (i.e., X) and more sophisticated analyses would offer better causal insights into Y.

このモデルを縦断的データ（すなわち，X）とより洗練化された分析を用いてさらに検討することにより，Y について，因果的な洞察を深めることができるだろう．

> Further testing of this model with longitudinal data and more sophisticated analyses (i.e., structural equation modeling) would offer better causal insights into the various spiritual appraisal and coping pathways linked with distress. (61)

> このモデルを縦断的データとより洗練化された分析（たとえば，構造方程式モデリング）を用いてさらに検討することにより，苦痛と関連する種々のスピリチュアルな評価と対処の経路について，因果的な洞察を深めることができるだろう．

7.10.4　将来の研究のメリット

■ 将来の研究が重要なトピックの理解を深めることを述べる．

Such research would expand further our understanding of X.

そのような研究は，X についての我々の理解をさらに広げるであろう．

> Such research would expand further our understanding of the structure of political orientation. (9)

そのような研究は，政治的態度の構造についての我々の理解をさらに広げるであろう．

■ あまり研究されていないトピックの研究がある人々に恩恵をもたらすことを述べる．

X will [only] benefit from closer examination of this critically important but typically understudied topic.

極めて重要だが概して研究が不十分であったこのトピックをより詳しく調べることによって[のみ]，X は恩恵を被るだろう．

Our patients will only benefit from closer examination of this critically important but typically understudied topic. (29)

極めて重要だが概して研究が不十分であったこのトピックをより詳しく調べることによってのみ，我々の患者は恩恵を被るだろう．

7.11　要約と結論

7.11.1　全体的な要約

■ 論文全体を要約する．

In closing [/In summary], this study [/review] has demonstrated that XXX.

最後に [/要約すれば]，本論文 [/評論] は XXX ということを実証した．

In closing, this review has demonstrated that ambulatory assessment is particularly valuable to research on anxiety disorders. (1)

最後に，本評論は移動診断が不安障害研究にとって特に役に立つことを実証した．

7.11.2　知見についての結論

■ 知見から導かれる結論を述べる．

Based on these findings, it appears that XXX.

これらの知見に基づくと，XXX であると思われる．

Based on these findings, it appears that use of the CGI-I scale is an appropriate method of determining clinical change in trials of social anxiety disorder. (26)

これらの知見に基づくと，CGI-I 尺度の使用は社会不安障害の治験において臨床的変化を確定する適切な方法であると思われる．

(訳者注：CGI-I 尺度；clinical global impression-improvement scale，臨床全般印象改善尺度）

7.11.3 仮説・理論についての結論

■ 研究が仮説を支持すると結論する．

In conclusion, these studies [/this study] provide(s) empirical support for the idea [/hypothesis] that XXX.

結論として，これらの研究 [/本研究] は，XXX という考え方 [/仮説] を支持する．

> In conclusion, these studies provide empirical support for the idea that drug treatment programs may use novelty to enhance intervention programs by providing new learning histories that are incompatible with drug use. (49)
>
> 結論として，これらの研究は，薬物治療プログラムが，薬物使用と相容れない新たな学習履歴の供給により介入プログラムを強化するために，新奇性を使用してもよい，という考え方を支持する．

7.11.4 意義についての結論

■ 新しいアイデアについての結論を述べる．

In conclusion, we propose the possibility that XXX.

結論として，我々は XXX という可能性を提案する．

> In conclusion, we propose the possibility that two thirds of the ghost tales may be classified into one of four types of hallucinations experienced by normal people. (15)
>
> 結論として，我々は幽霊物語の3分の2は健常者の経験する幻覚の4つのタイプのひとつに分類されるかもしれないという可能性を提案する．

■ 今回の研究が理解への第一歩であると結論する．

This study represents an important first step in understanding [/toward an understanding of] X.

本研究は，X を理解する重要な第一歩である．

> This study represents an important first step in understanding the experiences of fathers of young children with Type 1 diabetes. (45)
>
> 本研究は，1型糖尿病の子どもを持つ父親の経験を理解する重要な第一歩である．

Column 7 オンライン・データベース登録のために何が必要か?

　オンライン検索で論文をヒットさせるポイントは，主要なデータベースで検索されることを最初から意識して執筆することが重要である．おそらく心理学では，PsycINFO が最もよく知られたデータベースである．ここでは PsycINFO に適切に登録されるためのポイントについて述べる．

　まず，あなたの書いた要約は，PsycINFO に含められる多数の要素のたった1つにすぎない，ということに留意しよう．もちろん，PsycINFO が著者の書いた要約を使うこともある．だが，PsycINFO の要約作成スタッフもまた別個に要約を作り，さらには，論文を精査して，他の情報（要素）も探し出すのである．参

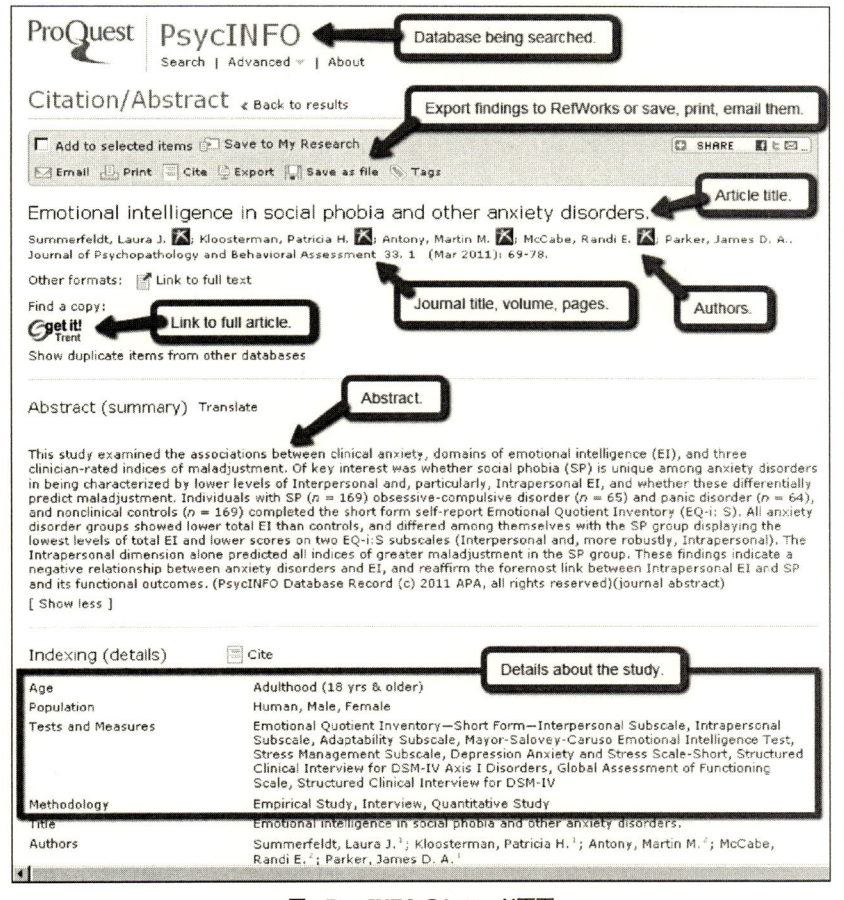

図　PsycINFO のレコード画面

考までに，PsycINFO のレコードの画面を示す．

　この例には，インデックスおよび要約作成スタッフによって検索されやすするために，著者があらかじめ論文に含めておくべき情報が示されていると考えることができる．原稿を作成する時点で完全な情報を原稿に含めておけば，インデックスや要約作成のスタッフが読者に対してより多くの情報を提供してくれることにつながる．ジャーナルの中には，キーワードを掲載しないものも多い．したがって，PsycINFO が作成するインデックスや要約は，あなたの論文を見る読者数に大きな影響を及ぼすことになる．

　参考までに，PsycINFO のレコードに含まれる情報の一部を以下に示す．

> Author：著者名
> Author E-mail：著者電子メール
> Author Correspondence Address：著者の郵便アドレス
> Affiliation：著者所属
> Title：論文題名（訳を含む）
> Source：ジャーナル，単行本，博士論文，電子的収蔵などの完全な引用情報．
> Publication Status：ジャーナルにおける論文の地位
> Population：母集団（人間，動物，男性，女性，入院患者，外来患者など）
> Age Group：年代グループ（子供　出生-12 歳，新生児　出生-1 ヶ月，幼児 2-5 歳，学童　6-12 歳，青年　13-17 歳，大人　18 歳以上，若い大人 18-29 歳，30 代　30-39 歳，中年　40-64 歳，高齢　65 歳以上，超高齢者 85 歳以上）
> Location：研究地
> Methodology：方法論（脳機能イメージング，臨床事例研究，経験的研究，実験的追試，フォローアップ研究など）
> Tests & Measures：検査と測度（用いられた検査名など）
> Grant/Sponsorship：助成金や後援

　論文出版の過程で，著者が，これらを PsycINFO に提供するように要求されることはない．実際には，PsycINFO のスタッフがあなたの論文を独自に精査して，（上記の画面のように）これらの項目を作ってしまうのである．それでは，著者はどうすればよいのだろうか．それは，論文の中に，可能な限り，上記の情報を文章の形で含めておくことである（表やリストの形で含めるのではないことに注意）．そうすれば，プロの要約作成者がそれらを見つけ出して，オンラインレコードに上手に含めてくれるだろう．

[デイビッド・シュワーブ　＆　バーバラ・シュワーブ]

8. 表
Table

表のポイント

【内容】
　表の目的は，**読者が，結果を理解し解釈するため**，および，**結果の再解析を行うために必要なデータを提供すること**である．したがって，表には，これらの目的のために必要不可欠なものだけを載せることを心がけよう．[表の内容と構成の詳細については，APA マニュアル日本語版の 138-161 ページを参照されたい．]

【書式】
　実際の原稿では，脚注（footnote）のページ後に（脚注がない場合は引用文献のページ後に），ひとつの表ごとに 1 ページを使って掲載する．表のページにもヘッディングとページ数を印刷する．[表の書式の実際例については，APA マニュアル日本語版の 49 ページに掲載されている原稿サンプルを参照．]

　ここでは，以下に示した表のサンプル（Table 1）を参照しながら，表の基本的な構造について説明する．表は，以下の構造に沿って構成する．

1. 最初の行に，**Table と通し番号**（以下のサンプルでは，Table 3）を，標準書体で記載する．
2. 次の行に，**表の題名**（*Hierarchical Regression Models of . . .*）を，主要な単語の語頭が大文字のイタリック体で記載する．
3. その次の行から，**表本体**を，主に標準書体で記載する．

　表本体では，まず，データをまとめる見出しを 1 列から 2 列に並べ，その上下に直線を引く．これを**列見出し**という．また，表の左端の見出しを**スタブ見出し**（stub head，行の内容を表す見出し）と呼び，そこには独立変数に相当する項目を書くことが多い．スタブ見出しの内容をうまく字下げすれば，変数の構造も同時に示すことができる．

　一方，表の下部に記載する表注には，

1. **一般注**（general notes）： 表全体についての注
2. **特定注**（specific notes）： 特定の行，列，または，セルについての注
3. **確率注**（probability notes）： p 値などの統計的検定の結果についての注

の3種類があり，必ずこの順序で記載する．

ROLE OF REFLECTIVE MALE PREFERENCES IN FEMALE ALCOHOL USE　35

Table 3

Hierarchical Regression Models of Females' Perceived Reflective Normative Preferences Predicting Individual Alcohol Use, Controlling For Demographics, and Perceived Same-Sex Norms Preferences Predicting Individual Alcohol Use, Controlling for Demographics and Perceived Same-Sex Norms

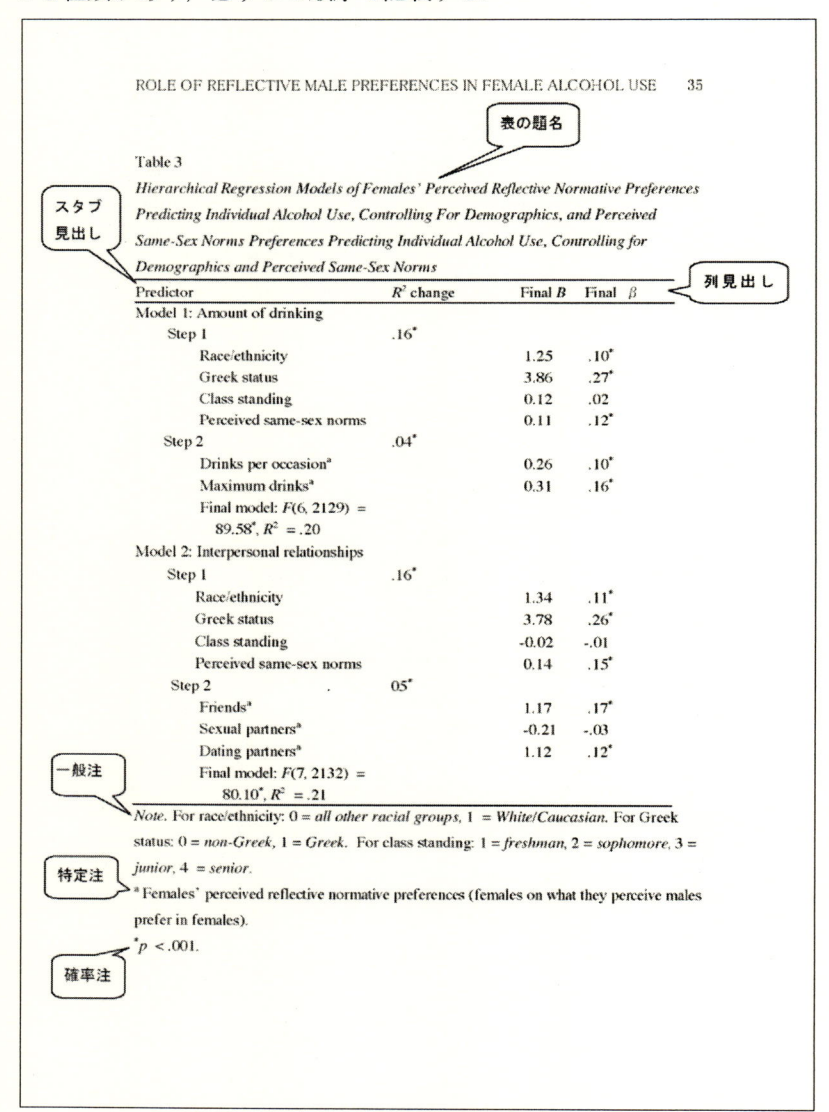

Predictor	R^2 change	Final B	Final β
Model 1: Amount of drinking			
Step 1	.16*		
Race/ethnicity		1.25	.10*
Greek status		3.86	.27*
Class standing		0.12	.02
Perceived same-sex norms		0.11	.12*
Step 2	.04*		
Drinks per occasion[a]		0.26	.10*
Maximum drinks[a]		0.31	.16*
Final model: $F(6, 2129) = 89.58^*, R^2 = .20$			
Model 2: Interpersonal relationships			
Step 1	.16*		
Race/ethnicity		1.34	.11*
Greek status		3.78	.26*
Class standing		-0.02	-.01
Perceived same-sex norms		0.14	.15*
Step 2	.05*		
Friends[a]		1.17	.17*
Sexual partners[a]		-0.21	-.03
Dating partners[a]		1.12	.12*
Final model: $F(7, 2132) = 80.10^*, R^2 = .21$			

Note. For race/ethnicity: 0 = *all other racial groups*, 1 = *White/Caucasian*. For Greek status: 0 = *non-Greek*, 1 = *Greek*. For class standing: 1 = *freshman*, 2 = *sophomore*, 3 = *junior*, 4 = *senior*.

[a] Females' perceived reflective normative preferences (females on what they perceive males prefer in females).

*$p < .001$.

図　表のページの例（文献 39 より引用）

これら3つの表注は，改行し，字下げせずに左揃えで書く．ただし，特定注や確率注に複数の項目を書く場合，2つ目以降の特定注や確率注は改行せずにひとつの段落内に続けて書く．一般注は，*Note.* のように，ピリオドつきのイタリック体で書き始めること，特定注では，上つきの英語の子文字（ª や ᵇ など）を用いること，確率注をつける場合には，アスタリスク（*）やダガー（†）を用いることに留意しよう．

【ヒント】
　表の題名は内容を推察できるものとすること．また，題名や一般注において，具体的な内容を説明することは，表だけで結果の概要を理解することを可能にするのでよい．ここでは，表の題名や各種の注の作成に役立つ例文を掲載した．

8.1　表 の 題 名

■ 人口統計学的特徴の表の題名（同時にサンプル数も示す）．

Table N

Demographic Characteristics of X (*N* = M)

表 N　X の人口統計学的特徴（*N* = M）

> Table 1
>
> *Demographic Characteristics of the Sample* (*N* = 935)　(57)
>
> 表 1　サンプルの人口統計学的特徴（*N* = 935）

8.2　一 般 注

8.2.1　データについての一般注

■ サンプルサイズと欠損値について述べる．

Note. *N* = X. M [additional] participants had missing data [that prevented classification].

注：*N* = X である．M 人の [追加的な] 参加者は [分類できない] 欠損値を示した．

> *Note.* *N* = 1,990. Twelve participants had missing data that prevented classification. (51)

注：$N = 1,990$ である．12 人の参加者は分類できない欠損値を示した．

8.2.2　記号，略語についての一般注

■ ギリシア文字などの用法を定義する．

Note. X, Y, and Z are A, B, and C.

注：X，Y，Z は，A，B，C である．

Note. n_1, $\hat{\mu}_1$, and $\hat{\sigma}_1$ are the sample size, sample mean, and sample standard deviation.　(4)

注：n_1, $\hat{\mu}_1$, $\hat{\sigma}_1$ は，それぞれ，サンプルサイズ，サンプル平均，サンプルの標準偏差である．

8.2.3　データの見方についての一般注

■ 適合度の見方を示す．

Note. A more positive [/negative] value indicates a better fit.

注：値がプラス [/マイナス] であるほどよりよく適合していることを示す．

Note. A more positive value indicates a better fit.　(44)

注：値（訳者注：対数尤度値）がプラスであるほどよりよく適合することを示す．

8.3　特定注と確率注

8.3.1　一部のデータについての特定注

■ 心理検査の質問項目を示した表中のある行で尺度が逆転されていることを述べる．

[a][The] X scale was [is] reversed.

[a] X の尺度は，逆転されていた [いる]．

[a] Attitudes Favoring Equal Opportunity scale is reversed.　(19)

[a] 機会均等選好態度の尺度は，逆転されている．

8.3.2　有意水準を示す確率注

■ 一般注で，サンプルサイズ，相関の計算方法，単位を述べる．特定注で，記号の意味を述べる．確率注で p 値を述べる．

Note. Ns range from A to B. Correlations are based on pairwise deletion. For X, the unit is Y.

[a] C = 1, D = 2.
† *p* < .10, *p < .05, **p < .01, ***p < .001.

注：*N* の値は A から B の範囲である．相関はペアワイズ法に基づいている．X については，単位は Y である．
[a] C が 1，D が 2 である．
† は *p* < .10，* は *p* < .05，** は *p* < .01 を，*** は *p* < .001 を表わす．

> *Note. N*s range from 11,055 to 12,189. Correlations are based on pairwise deletion. For total wealth, the unit is 100,000 dollars.
> [a] Male = 1, female = 2.
> † *p* < .10. * *p* < .05. ** *p* < .01.　(63)

注：*N* の値は 11,055 から 12,189 の範囲である．相関はペアワイズ法に基づいている．総資産については，単位は 100,000 ドルである．
[a] 男性が 1 で，女性が 2 である．
† は *p* < .10，* は *p* < .05，** は *p* < .01 を表わす．

Column 8 心理学の語彙を充実させる

　この本は，心理学で共通に使われる重要な表現や文章パターンに焦点を当てている．心理学論文を効果的に執筆するコツは，日本語から直訳するのではなく，有用な文章パターンを身につけて最初から英語で書くことである．それに加えて，心理学で使われる単語やフレーズの語彙を十分に持てば，最初から英語で書くことがより容易になる．

　アメリカでは，小学校の低学年の頃から，毎週20個の新しい単語の綴りをクイズ形式で覚えるなど，語彙を増やすことに人気がある．語彙を増やすことは，有名なリーダーズダイジェスト誌のワードパワー（今ではiPhoneのアプリもある）のコラムのように，多くの大人の趣味でもある．我々も，英語，心理学，外国語の語彙を増やすために，様々なテクニックを使ってきた．

　心理学英語の語彙を増やすためには，単位時間当たりに，特定の領域の決められた数の用語を学習する目標を設定することを勧める．以下に，一例を挙げよう．

　たとえば，毎月20-25の単語やフレーズを学習することに挑むとする．そのために，まず，あなたの専門の雑誌の何巻かの要約に目を通して，よく知らないキーワードに印をつけるのである．もっと大きな語彙のリスト（たとえば，Tuleya (2007) の Thesaurus of Psychological Index Terms, あるいは，「文部省学術用語集：心理学編」，あるいは，学会の投稿募集に掲載されている受理可能なキーワードなど）にアクセスできるなら，その中のあるアルファベットで始まる単語やフレーズを学習することに毎週（あるいは毎月）チャレンジするのもよいだろう．

　例えば，集まった単語の最初のグループは，次のようなものになるかもしれない．

Anhedonia	Intervening variable	Reflex arc
Backwards conditioning	Just noticeable difference	Senescence
Confluence	Kurtosis	Tachistoscope
Disjunction	Leniency effect	Unobtrusive measure
Echoic memory	Malingering	Viscosity
Field dependence	Narcolepsy	Wish fulfillment
Gradient of reinforcement	Olfactometry	Workplace violence
Hermeneutics	Paraphilia	Yerkes-Dodson law

　これらの項目の全ての意味がわかるだろうか（念のために，これらの項目の日本語訳をコラムの末尾に示しておく）．たとえあなたが全てをわかったとしても，学ぶべき単語やフレーズは他にも沢山あるはずである．母国語に限ったとしても，完全な語彙を持っている心理学者はいないであろう．

この他にも，論文を読むときに，知らない単語をノートに書き写しておき，できあがったリストを使って語彙を増やすことを始めるのも有用である．読むことは，語彙を増やす最良の方法である．
　あなたが語彙のリストの勉強を楽しめるか，それとも，退屈に思うかはわからない．だが，この方法を繰り返すことで，あなたの語彙は確実に増え，気がついた時にはそれらの表現を心理学英語論文の執筆で使えるようになっているだろう．

[デイビッド・シュワーブ ＆ バーバラ・シュワーブ]

引用文献
Tuleya, L.G. (2007). *Thesaurus of psychological index terms* (11th Edition). Washington, DC: American Psychological Association.

表の日本語訳

無快感症	仲介変数	反射弓
逆行条件づけ	丁度可知差異	老齢化
合流（アドラーの）	尖度	タキストスコープ
遷言	寛大効果	目立たない測度
エコーイック記憶	詐病	粘着気質
場依存型	ナルコレプシー	願望充足
強化の勾配	オルファクトメトリー	職場内暴力
解釈学	性欲倒錯	ヤーキーズ＝ドッドソンの法則

9. 図
Figure

図のポイント

【内容】

　図の目的は，重要な事実を伝えることにより，本文を補強することである．この目的に該当しない場合は，その図を省略した方がよい．

　図版の作成で重要なことは，読者が本文を参照せずに，図の内容を理解することができるようにすることである．そのために，以下の点に注意する．

1. **理解に必要な情報を，全て書く**．具体的には，軸のラベル，目盛りの値，図の構成要素のラベル，測定の単位などが書かれていることを確認する．
2. **重要な部分を強調する**．たとえば，グラフ内の線分を軸よりも太くする．また，複雑な細部は省略する．
3. **見やすくする**．例えば，フォントは，8から14ポイントのHelveticaなどのような読みやすいサンセリフ体を使う．また，図の各要素を，適切な大きさにする．さらに，色分けについては，白と黒のような2つ程度のシェーディング（濃淡）にとどめる．
4. **図中で使われている記号を説明する凡例をつける**．凡例では，主要な単語のみを大文字で書き始めるとよい．

　さらに，図には，図の題名と説明を兼ねた文章（キャプション）をつける．キャプションには，図の理解に役立つ情報を全て載せる．具体的には，以下の点に気をつける．

1. 図の内容を十分に説明する題名をつける．
2. 単位，記号，凡例，略語，エラーバーなどの意味を説明する．
3. 必要に応じて有意水準を説明する（表の確率注の書式を使う．ただし表の場合とは異なり改行せずに書く）．

　［図の内容と構成の詳細については，APAマニュアル日本語版の161-179ペー

【書式】

　以下に図のページの例（架空のデータ）を示す．図は，表のページの後に，ひとつの図ごとに1ページを使って掲載する．各図の直下に，キャプションを掲載する．図のページの一番上には，ヘッディングとページ数を印刷すること．［図の書式の実際例については，APAマニュアル日本語版の50ページに掲載されている原稿サンプルも参照されたい．］

AGING AND WORD GENERATION　　　　　　　　　　　　　　18

（*Figure* + 通し番号）

Figure 1. Mean percentages of correct responses in participants with and without Alzheimer's disease (AD) and major depression (MD), respectively. Black bars = letter conditions; gray bars = semantic conditions; ns = non-significant. $^{**}p < .01$.

（図のキャプション（題名と説明））

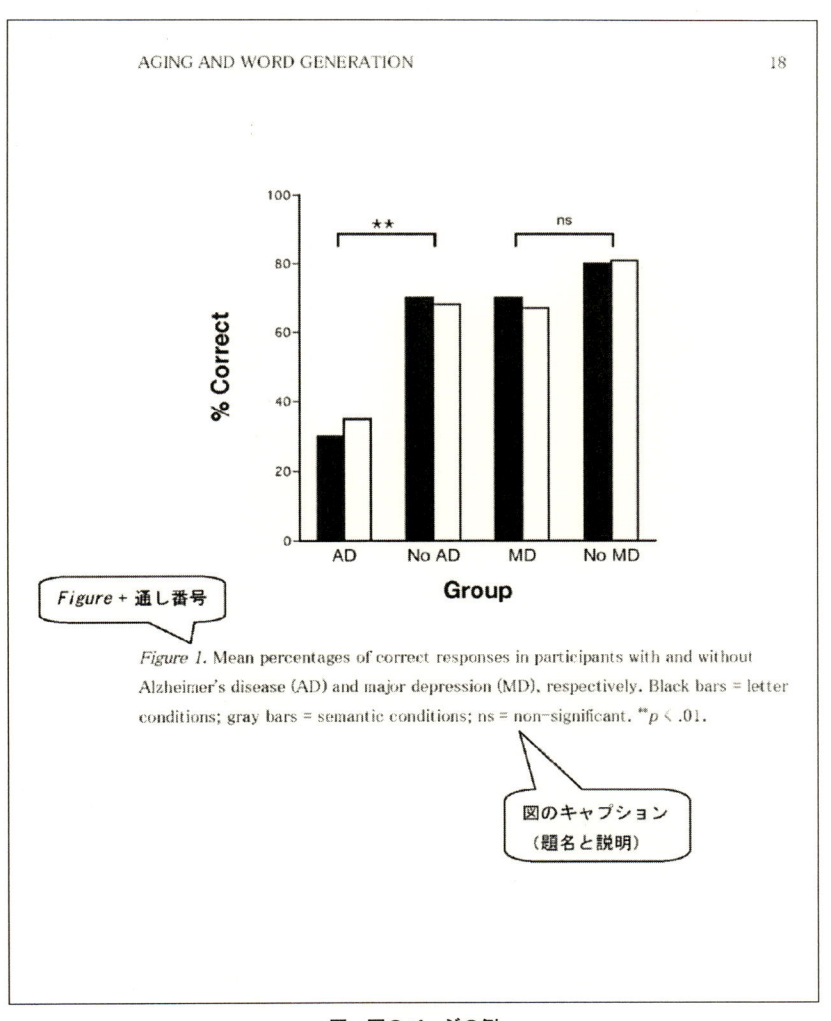

図　図のページの例

図のキャプションでは，まず，*Figure* と通し番号（*Figure 1*，*Figure 2* など）とピリオドをイタリック体で書く．そのすぐ後に（改行せずに）題名や説明文を主に標準フォントを用いて書く．

【ヒント】

図のキャプションでは，序文，方法，結果，考察，表などで用いる多様な表現を使って，図の内容を理解してもらうための努力を行うことになる．したがって，他章の例文も適宜参考にしながら，キャプションの充実に努めるとよい．

ここでは，図のキャプションにおいて比較的よく使われる，題名，縦軸と横軸，凡例，記号，パネルなどについての例文を中心に掲載した．

9.1 図の題名

■ 仮説の概略図を示した図の題名．

Figure N. Schematic of X regarding Y.

図 N．Y に関する X の概略図．

> *Figure 2.* Schematic of two hypotheses regarding how familiar-looking features influence categorization decisions.　(24)
>
> 図 2．熟知しているように見える特徴がカテゴリーの決定にどのように影響を与えるかに関する 2 つの仮説の概略図．

■ 刺激を表す図の題名．

Figure N. Depiction of stimulus arrangement for X tasks. Note that objects pictured are not drawn to scale.

図 N．X 課題の刺激配置の描写．物体は一定の比率で描かれていないことに注意．

> *Figure 1.* Depiction of stimulus arrangement for five matching tasks.（Note that objects pictured are not drawn to scale.）　(34)
>
> 図 1．5 つの見本合わせ課題の刺激配置の描写（物体は一定の比率で描かれていないことに注意）．

■ 各群の実験条件ごとの平均値を示した図の題名，および，上下のパネルの説明．

Figure N. Mean X by the different Y groups during Z in the A condition（top panel）and B condition（bottom panel）for the responses trained with C.

図 N．C により訓練された反応について，A 条件（上の図）と B 条件（下の図）

におけるZ期間中の，異なるY群による平均反応．

Figure 2. Mean percentage responding by the different age groups during the test in the extinction condition (top panel) and reacquisition condition (bottom panel) for the responses trained with the valued and devalued outcomes.　(37)

図2．価値のある結果と価値の低下した結果により訓練された反応について，消去条件（上の図）と再獲得条件（下の図）におけるテスト期間中の，異なる年齢群による平均反応率．

9.2　パネルの説明

■ 左右のパネルを説明する．

***Figure N.* Left panel: XXX. Right panel: YYY.**

図N．左の図：XXX．右の図：YYY．

Figure 10. Left panel: An individual participant's transfer responses that the POLE model predicted well. Right panel: An individual participant's transfer responses that the EXAM model predicted well.　(44)

図10．左の図：POLEモデルがよく予測するある一人の参加者の転移反応．右の図：EXAMモデルがよく予測するある一人の参加者の転移反応．

9.3　縦軸と横軸，凡例，略語などの説明

■ 題名，折れ線グラフの横軸と縦軸，および，実線と点線の意味を説明する．

***Figure N.* X maintained by Y. Abscissae: A. Ordinates: B. Solid lines indicate [/ represent] C. Dashed lines indicate [/represent] D.**

図N．Yで維持されているX．横軸は，Aを表す．縦軸は，Bを表す．実線は，Cを表す．点線はDを表す．

Figure 3. Self-administration of RTI-177 maintained by a second-order schedule of intravenous drug delivery in individual rhesus monkeys. Abscissae: unit dose, log scale. Ordinates: response rate in responses/s. Solid lines indicate mean rates of responding maintained by the training dose of cocaine. Dashed lines indicate the upper limit of responding during saline extinction.　(30)

図3．各アカゲザルにおける，腹腔内薬物投与の2次スケジュールで維持されているRTI-177の自己投与量．横軸は，投与量の単位を対数目盛りで表す．縦軸は，反応率を反応数/秒で表す．実線は，コカイン訓練投与量により維持された平均反応率を表す．点線は生理食塩水による消去中の反応の上限を表す．

　　（訳者注：RTI-177；モノアミン酸化酵素阻害薬の一種）

■ 平均値の棒グラフの題名，棒グラフの横軸に示した被験者群の内容，各バーのシェーディング（濃淡），ns と p 値を説明する．

Figure N. Mean percentages of X, in Y with and without A, B, and C, respectively. Black bars = D; gray bars = E; ns = non-significant. **p < .01.

図 N． A，B，C のある Y，および，それらのない Y における，それぞれの X の平均割合．黒いバーは D を，灰色のバーは E を示す．ns は，有意でないことを表す．**は，p < .01 を示す．

Figure 1. Mean percentages of specific autobiographical memories in assault survivors with and without acute stress disorder (ASD), depression, and assault-related phobia, respectively. Black bars = positive cues; gray bars = negative cues; ns = non-significant. **p < .01.　(36)

図 1． 急性ストレス障害（ASD），うつ，暴行関連恐怖症のある暴力被害者，および，それらのない暴力被害者における，特定の自伝的記憶の平均割合．黒いバーはポジティブな手がかりを，灰色のバーはネガティブな手がかりを示す．ns は有意でないことを表す．**は p < .01 を示す．

■ 図の全体的傾向を文章で説明し，棒グラフとひげが示しているデータの内容を述べる．

Figure N. X treatment is associated with Y. Shown are the *M ± SE.*

図 N．X 処理は，Y と関連がある．平均 ± 標準誤差が示されている．

Figure 1. Hydroxyfasudil treatment is associated with a dose-related increase in learning proficiency in aged rats. Shown are the *M ± SE.*　(31)

図 1． 塩酸ファスジル処理は，高齢ラットの学習上達における投与量に応じた増加と関連がある．平均 ± 標準誤差が示されている．

Column 9　英語論文出版へのチャレンジ Q&A

　2010年と2011年に日本心理学会の大会で行った編集委員会企画による講習会，および，2012年に慶應義塾大学の大学院で行った論文執筆を支援する講義において，英語論文の出版にチャレンジする若手研究者から数多くの貴重な質問を頂いた．ここでは，それらの中のいくつかについて，シュワーブ夫妻の助力を仰ぎながら再び回答する．

Q1.「ネイティブの研究者の中にも，執筆があまり得意でない人がいるということがわかった．では，手本となり得るような英語論文を執筆しているネイティブの good writer をどうやって見分けたらよいか？」
A1.「論文を読んだだけで，その研究者が good writer かどうかを判断することは，ネイティブでない大学院生にとってあまり現実的ではない．だが，英語圏に知己を持てば，各研究者の書く能力についての評判をある程度知ることができるだろう．やはり，ネイティブの心理学者の友人を作るしかないと思う．」

Q2.「最初から英語で書くべきか？」
A2.「できればそうすべきである．もちろん，執筆前の段階では，書くべき内容を日本語で考え，それらを日本語でメモしてもよい．だが，その段階でも，すぐに英語に訳しておくとよい．シュワーブ夫妻によれば，日本人が日本語を英語に訳す場合には，日本語で考えることと英語で書くことを意識的に分離することが最も重要である，ということである．言い換えれば，英語にするときは，直訳ではなく，最初から英語で書くように心がけたほうがよいということだろう．執筆時にそれらの英語のメモをつなぎ合わせれば，原稿のかなりの部分がすでにできあがったことになる．」

Q3.「投稿前に，ネイティブチェックを受けるべきか？」
A3.「それが可能であれば，受けるべきである．ただし，可能であるということは，一般英語のみならず，科学英語や専門用語までチェックしてもらえる場合を意味している．そのためには，同じテーマで研究しているネイティブの心理学者の知り合いがどうしても必要になる．だが，そのような知り合いを見つけることは，実際にはかなり難しいだろう．シュワーブ夫妻によれば，英語圏でも，さっと読んで一般的なコメントをくれる同僚ならすぐに見つかるが，詳細に読んで細かな誤りまで修正してくれる同僚を見つけるのはかな

り難しいそうである．私の場合は，ネイティブチェックを行わずに投稿することが多い．なぜならば，自分の分野の専門英語について詳細なチェックを頼めるネイティブの知り合いが周囲にいないからである．」

Q4.「自分は大学院生だが，論文の執筆にかなり時間がかかってしまい，他のことが出来ずに困っている．他の人は一体どうやっているのだろうと思う．一般に，執筆にかかる時間はどれくらいか？」

A4.「ネイティブが執筆にかける時間は一体どれくらいなのだろう．論文を量産している著名なネイティブの研究者の中には，たった2，3日で書き上げるような強者もいるという話を聞いたことがある．シュワーブ夫妻にその辺の事情を聞いたところ，書き始めることができるネイティブは沢山いるが，書き終えることができるネイティブは少ないよ，という答えであった．この辺は，日本と似たり寄ったりかもしれない．一方，私の見てきた限り，日本人の大学院生の多くは，英語の論文を執筆するのに数ヶ月くらいはかかっているのではないかと思う．私が初めて英語論文を書こうとした時も，序文だけで1ヶ月以上もかかってしまった．このままでは，完成までに半年以上はかかるだろう．執筆の効率をなんとか改善できないだろうか．そう考えて，これまでに紹介したような例文参照による執筆法に辿り着いた．それからは，大きな机の上に十冊以上の辞典と何十篇もの先行論文を広げて，肉眼で例文を参照しながら執筆するようになった．その頃は，執筆に2，3ヶ月を要していたと思う．その後，電子的な例文検索に移行してからは，執筆期間が2，3週間程度まで短縮した．」

Q5.「初めて投稿したが，編集者や審査者とのやりとりがとても大変で，膨大な批判を前に挫折しそうである．強い動機づけを持つにはどうしたらよいか．」

A5.「シュワーブ夫妻によれば，ネイティブの場合は掲載拒否の原因を第二言語の使用に帰属できないので，批判された時のフラストレーションは日本人よりもはるかに大きく，2つの雑誌から掲載を拒否されたら大体はあきらめてしまう，ということであった．最終的にどこかのジャーナルで出版に漕ぎ着けることは，ネイティブの研究者にとっても挫折の多いビッグ・チャレンジなのだろう．したがって，ノンネイティブのあなたが初めての投稿で挫折しそうになるのは，もっともなことであると思う．

　それでは，日本人の若手研究者がこのようなチャレンジを乗り切るには，どうしたらよいのだろうか．以前に他書でも論じたが，将来，英語論文の数が日本人の心理学者の採用や昇進に直結するようになれば，動機づけの問題は霧消するだろう．だが，就職以外にも，英語による出版を支える数多くの

動機づけが存在する．たとえば，英語圏で論文を出版することは，世界中に存在する多様な価値観との本格的な接触の第一歩であり，それ自体があなたの世界に対する認識を広げてくれる．人間の心理や行動を研究する者として，これは大きなメリットである．また，ジャーナルに最初の論文が掲載されたその日から，あなたの研究者人生は大きく変わるだろう．たとえば，論文が一度出版されると，今度はそのジャーナルからレフリーを頼まれることもある．また，外国の研究者と共同研究をする機会も格段に増えるだろう．これらのできごともまた強力な動機づけ要因となるに違いない．

さらに，研究を行う機会に恵まれた者の責務，という視点も大切である．投稿において大量の批判にさらされると，自分の研究は出版に値しないと考えがちである．だが，ある研究者があなたの研究に価値を見出さなかったとしても，他の地域の，あるいは，他の時代の研究者は，そこに価値を見出すかもしれない．その逆もあり得るだろう．科学は，その成果を常に共有化し公有化（communalism）することにより初めてその本質である懐疑性（skepticism）を維持することが可能となる．そして，懐疑性を維持し続けることにより初めて，科学は信頼できる知見を社会に提供することができるのである．このように考えれば，自らが得た成果を，時空を越えて閲覧可能な状態にしておくことは，研究者にとって最も重要な責務である．

3.11の福島の大事故をきっかけとして，日本の科学者は，日本の科学研究における成果の公有化や懐疑性の維持について大きな反省をせまられることになった．今あなたが出版を試みている成果は，あなただけのものではなく，皆のものでもある．どうか，大量の批判にめげることなく，なんとか最後まで頑張ってほしい．私たちは，いつまでも心の底からあなたを応援している．」

［高橋　雅治，デイビッド・シュワーブ，バーバラ・シュワーブ］

引用文献

　本書で引用された文献のリストを，以下に示す．これらの文献は，本書の著者である D. シュワーブと B. シュワーブにより選定された．各文献に付されている番号は，本文中の英語例文の末尾に付されている番号に対応している．本文中で引用した例文の中には，わかりやすさのために，原文の文章を一部省略または改変したものがある．

(1) Alpers, G. W. (2009). Ambulatory assessment in panic disorder and specific phobia. *Psychological Assessment*, *21*(4), 476-485. doi: 10.1037/a0017489
(2) Attar-Schwartz, S., Tan, J., Buchanan, A., Flouri, E., & Griggs, J. (2009). Grandparenting and adolescent adjustment in two-parent biological, lone-parent, and step-families. *Journal of Family Psychology*, *23*(1), 67-75. doi: 10.1037/a0014383
(3) Blaze, J. T., & Shwalb, D. W. (2009). Resource loss and relocation: A follow-up study of adolescents two years after Hurricane Katrina. *Psychological Trauma: Theory, Research, Practice, and Policy*, *1*(4), 312-322. doi: 10.1037/a0017834
(4) Bonett, D. G. (2009). Meta-analytic interval estimation for standardized and unstandardized mean differences. *Psychological Methods*, *14*(3), 225-238. doi: 10.1037/a0016619
(5) Broaders, S. C., Cook, S. W., Mitchell, Z., & Goldin-Meadow, S. (2007). Making children gesture brings out implicit knowledge and leads to learning. *Journal of Experimental Psychology: General*, *136*(4), 539-550. doi: 10.1037/0096-3445.136.4.539
(6) Callan, M. J., Ellard, J. H., & Nicol, J. E. (2006). The belief in a just world and immanent justice reasoning in adults. *Personality and Social Psychology Bulletin*, *32*(12), 1646-1658. doi: 10.1177/0146167206292236
(7) Castel, A. D., Balota, D. A., & McCabe, D. P. (2009). Memory efficiency and the strategic control of attention at encoding: Impairments of value-directed remembering in Alzheimer's disease. *Neuropsychology*, *23*(3), 297-306. doi:10.1037/a0014888
(8) Chang, D. F., & Berk, A. (2009). Making cross-racial therapy work: A phenomenological study of clients' experiences of cross-racial therapy. *Journal of Counseling Psychology*, *56*(4), 521-536. doi: 10.1037/a0016905521
(9) Choma, B. L., Ashton, M. C., & Hafer, C. L. (2010). Conceptualizing political orientation in Canadian political candidates: A tale of two (correlated) dimensions. *Canadian Journal of Behavioural Science*, *42*(1), 24-33. doi: 10.10371/a0015650
(10) Close, J., Hahn, U., & Honey, R. C. (2009). Contextual modulation of stimulus generalization in rats. *Journal of Experimental Psychology: Animal Behavior Processes*, *35*(4), 509-515. doi: 10.1037/a0015489
(11) Crocker, J., & Nuer, N. (2004). Do people need self-esteem? Comment on Pyszczynski et al. (2004). *Psychological Bulletin*, *130*(3), 469-472. doi: 10.1037/0033-2909.130.3.469

(12) Diana, R. A., Yonelinas, A. P., & Ranganath, C. (2008). The effects of unitization on familiarity-based source memory: Testing a behavioral prediction derived from neuroimaging data. *Journal of Experimental Psychology: Learning, Memory, and Cognition, 34*(4), 730-740. doi: 10.1037/0278-7393.34.4.730
(13) Egloff, B., & Schmukle, S. C. (2002). Predictive validity of an Implicit Association Test for assessing anxiety. *Journal of Personality and Social Psychology, 83*(6), 1441-1155. doi: 10.1037//0022-3514.83.6.1441
(14) Forster, S., & Lavie, N. (2008). Failures to ignore entirely irrelevant distractors: The role of load. *Journal of Experimental Psychology: Applied, 14*(1), 73-83. doi: 10.1037/1076-898X.14.1.73
(15) Furuya, H., Ikezoe, K., Shigeto, H., Ohyagi, Y., Arahata, H., Araki, E., & Fujii, N. (2009). Sleep-and non-sleep-related hallucinations-Relationship to ghost tales and their classifications. *Dreaming, 19*(4), 232-238. doi: 10.1037/a0017611
(16) Gelso, C. J. (2006). On the making of a scientist-practitioner: A theory of research training in professional psychology. *Training and Education in Professional Psychology, S*(1), 3-16. doi: 10.1037/1931-3918.S.1.3
(17) Glickman, N. S. (2009). Adapting best practices in CBT for deaf and hearing persons with language and learning challenges. *Journal of Psychotherapy Integration, 19*(4), 354-384. doi: 10.1037/a0017969
(18) Glucksberg, S. (1962). The influence of strength of drive on functional fixedness and perceptual recognition. *Journal of Experimental Psychology, 63*(1), 36-41.
(19) Gottfredson, N. C., Panter, A. T., Daye, C. E., Allen, W. A., Wightman, L. F., & Deo, M. E. (2008). Does diversity at undergraduate institutions influence student outcomes? *Journal of Diversity in Higher Education, 1*(2), 80-94. doi: 10.1037/1938-8926.1.2.80
(20) Greenwald, A. G., & Ronis, D. L. (1978). Twenty years of cognitive dissonance: Case study of the evolution of a theory. *Psychological Review, 85*(1), 53-57.
(21) Gulick, D., & Gould, T. J. (2009). Effects of ethanol and caffeine on behavior in C57BL/6 mice in the plus-maze discriminative avoidance task. *Behavioral Neuroscience, 123*(6), 1271-1278. doi: 10.1037/a0017610
(22) Haber, M. G., Toro, P. A. (2009). Parent-adolescent violence and later behavioral health problems among homeless and housed youth. *American Journal of Orthopsychiatry, 79*(3), 305-318. doi: 10.1037/a0017212
(23) Han, W. J. (2008). The academic trajectories of children of immigrants and their school environments. *Developmental Psychology, 44*(6), 1572-1590. doi: 10.1037/a0013886
(24) Hannah, S. D., & Brooks, L. R. (2009). Featuring familiarity: How a familiar feature instantiation influences categorization. *Canadian Journal of Experimental Psychology, 63*(4), 263-275. doi: 10.1037/a0017919
(25) Harmon-Jones, E., Simon, L., Greenberg, J., Pyszczynski, T., Solomon, S., & McGregor, H. (1997). Terror management theory and self-esteem: Evidence that increased self-esteem reduces mortality salience effects. *Journal of Personality and Social Psychology, 72*(1), 24-36.
(26) Hedges, D. W., Brown, B. L., & Shwalb, D. A. (2009). A direct comparison of effect sizes from the clinical global impression-improvement scale to effect sizes from other rating scales in controlled trials of adult social anxiety disorder. *Human Psychopharmacology, 24*(1), 35-40. doi: 10.1002/hup.989
(27) Hedges, D. W., Brown, B. L., Shwalb, D. A., Godfrey, K., & Larcher, A. M. (2007). The

efficacy of selective serotonin reuptake inhibitors in adult social anxiety disorder: A meta-analysis of double-blind, placebo-controlled trials. *Journal of Psychopharmacology, 21*(1), 102-111. doi: 10.1177/0269881106065102
(28) Hesser, H., Pereswetoff-Morath, C. E., & Andersson, G. (2009). Consequences of controlling background sounds: The effect of experiential avoidance on tinnitus interference. *Rehabilitation Psychology, 54*(4), 381-389. doi: 10.1037/a0017565
(29) Hillman, J. (2008). Sexual issues and aging within the context of work with older adult patients. *Professional Psychology: Research and Practice, 39*(3), 290-297. doi: 10.1037/0735-7028.39.3.290
(30) Howell, L. L. (2008). Nonhuman primate neuroimaging and cocaine medication development. *Experimental and Clinical Psychopharmacology, 16*(6), 446-457. doi: 10.1037/a0014196
(31) Huentelman, M. J., Stephan, D. A., Talboom, J., Corneveaux, J. J., Reiman, D. M., Gerber, J. D., Barnes, C. A., Alexander, G. E., Reiman, E. M., & Bimonte-Nelson, H. A. (2009). Peripheral delivery of a ROCK inhibitor improves learning and working memory. *Behavioral Neuroscience, 123*(1), 218-223. doi: 10.1037/a0014260
(32) Hwang, W., & Goto, S. (2009). The impact of perceived racial discrimination on the mental health of Asian American and Latino college students. *Asian American Journal of Psychology, S*(1), 2009, 15-28. doi: 10.1037/1948-1985.S.1.15
(33) Kanarek, R. B., D'Anci, K. E., Jurdak, N., & Mathes, W. F. (2009). Running and addiction: precipitated withdrawal in a rat model of activity-based anorexia. *Behavioral Neuroscience, 123*(4), 905-912. doi: 10.1037/a0015896
(34) Kennedy, E. H., & Fragaszy, D. M. (2008). Analogical reasoning in a capuchin monkey (*Cebus apella*). *Journal of Comparative Psychology, 122*(2), 167-175. doi: 10.1037/0735-7036.122.2.167
(35) Kim, K., & Zauberman, G. (2009). Perception of anticipatory time in temporal discounting. *Journal of Neuroscience, Psychology and Economics, 2*(2), 91-101. doi: 10.1037/a0017686
(36) Kleim, B., & Ehlers, A. J. (2008). Reduced autobiographical memory specificity predicts depression and posttraumatic stress disorder after recent trauma. *Journal of Consulting and Clinical Psychology, 76*(2), 231-242. doi: 10.1037/0022-006X.76.2.231
(37) Klossek, U. M. H., Russell, J., & Dickinson, A. (2008). The control of instrumental action following outcome devaluation in young children aged between 1 and 4 years. *Journal of Experimental Psychology: General, 137*(1), 39-51. doi: 10.1037/0096-3445.137.1.39
(38) Kubzansky, L. D., Martin, L. T., & Buka, S. L. (2009). Early manifestations of personality and adult health: A life course perspective. *Health Psychology, 28*(3), 364-372. doi: 10.1037/a0014428
(39) LaBrie, J. W., Cail, J., Hummer, J F., Lac, A., & Neighbors, C. (2009). What men want: The role of reflective opposite-sex normative preferences in alcohol use among college women. *Psychology of Addictive Behaviors, 23*(1), 157-162. doi: 10.1037/a0013993
(40) Liles, E. E., & Packman, J. (2009). Play therapy for children with fetal alcohol syndrome. *International Journal of Play Therapy, 18*(4), 192-206. doi: 10.1037/a0015664
(41) Liu, W. M., Stinson, R., Hernandez, J., Shepard, S., & Haag, S. (2009). A qualitative examination of masculinity, homelessness, and social class among men in a transitional shelter. *Psychology of Men & Masculinity, 10*(2), 131-148. doi: 10.1037/

a0014999

(42) Loomis, J. M., Lippa, Y., Golledge, R. G., & Klatzky, R. L. (2002). Spatial updating of locations specified by 3-D sound and spatial language. *Journal of Experimental Psychology: Learning, Memory, and Cognition, 28*(2), 335-345. doi: 10.1037//0278-7393.28.2.335

(43) Macdonald, J. S. P., & Lavie, N. (2008). Load induced blindness. *Journal of Experimental Psychology: Human Perception and Performance, 34*(5), 1078-1091. doi: 10.1037/0096-1523.34.5.1078

(44) McDaniel, M. A., Dimperio, E., Griego, J. A., & Busemeyer, J. R. (2009). Predicting transfer performance: A comparison of competing function learning models. *Journal of Experimental Psychology: Learning, Memory, and Cognition, 35*(1), 173-195. doi: 10.1037/a0013982

(45) Mitchell, S. J., Hilliard, M. E., Mednick, L., Henderson, C., Cogen, F. R., & Streisand, R. (2009). Stress among fathers of young children with type 1 diabetes. *Families, Systems, & Health, 27*(4), 314-324. doi: 10.1037/a0018191

(46) Nower, L., & Blaszczynski, A. (2008). Characteristics of problem gamblers 56 years of age or older: A statewide study of casino self-excluders. *Psychology and Aging, 23*(3), 577-584. doi: 10.1037/a0013233

(47) Nunes, A., & Kramer, A. F. (2009). Experience-based mitigation of age-related performance declines: Evidence from air traffic control. *Journal of Experimental Psychology: Applied, 15*(1), 12-24. doi: 10.1037/a0014947

(48) Perkins, R. D. (2009). How executive coaching can change leader behavior and improve meeting effectiveness: an exploratory study. *Consulting Psychology Journal: Practice and Research, 61*(4), 298-318. doi: 10.1037/a0017842

(49) Reichel, C., M., & Rick, A. (2010). Competition between novelty and cocaine conditioned reward is sensitive to drug dose and retention interval. *Behavioral Neuroscience, 124*(1), 141-151. doi: 10.1037/a0018226

(50) Rekha, J., Chakravarthy, S., Veena, L. R., Kalai, V. P., Choudhury, R., Halahalli, H. N., ... Kutty, B. M. (2009). Transplantation of hippocampal cell lines restore spatial learning in rats with ventral subicular lesions. *Behavioral Neuroscience, 123*(6), 1197-1217. doi: 10.1037/a0017655

(51) Rivers, I., Poteat, V. P., Noret, N., & Ashurst, N. (2009). Observing bullying at school: The mental health implications of witness status. *School Psychology Quarterly, 24*(4), 211-223. doi: 10.1037/a0018164

(52) Shirom, A., Oliver, A., & Stein, E. (2009). Teachers' stressors and strains: A longitudinal study of their relationships. *International Journal of Stress Management, 16*(4), 312-332. doi: 10.1037/a0016842

(53) Shwalb, B. J., & Shwalb, D. W. (1992). Development of a course ratings form by a tests and measurements class. *Teaching of Psychology, 19*(4), 232-234.

(54) Shwalb, D., Shwalb, B., & Murata, K. (1989). Cooperation, competition, individualism and interpersonalism in Japanese fifth and eighth grade boys. *International Journal of Psychology, 24*(5), 617-630.

(55) Singer, T., Snozzi, R., Bird, G., Petrovic, P., Silani, G., Heinrichs, M., & Dolan, R. J. (2008). Effects of oxytocin and prosocial behavior on brain responses to direct and vicariously experienced pain. *Emotion, 8*(6), 781-791. doi: 10.1037/a0014195

(56) Steffen, A. C., Rockstroh, B., & Jansma, R. (2009). Brain evoked potentials reflect how emotional faces influence our decision making. *Journal of Neuroscience, Psychology, and Economics, 2*(1), 32-40. doi: 10.1037/a0015464

(57) Steinberg, L., Cauffman, E., Woolard, J., Graham, S., & Banich, M. (2009). Are adolescents less mature than adults? Minors' access to abortion, the juvenile death penalty, and the alleged APA "flip-flop." *American Psychologist, 64*(7), 583-594. doi: 10.1037/a0014763

(58) Syvertsen, A. K., Flanagan, C. A., & Stout, M. D. (2009). Code of silence: Students' perceptions of school climate and willingness to intervene in a peer's dangerous plan. *Journal of Educational Psychology, 101*(1), 219-232. doi: 10.1037/a0013246

(59) van Ginkel, W., Tindale, R. S., & van Knippenberg, D. (2009). Team reflexivity, development of shared task representations, and the use of distributed information in group decision making. *Group Dynamics: Theory, Research, and Practice, 13*(4), 265-280. doi: 10.1037/a00I6045

(60) Verona, E., Sadeh, N., & Curtin, J. J. (2009). Stress-induced asymmetric frontal brain activity and aggression risk. *Journal of Abnormal Psychology, 118*(1), 131-145. doi: 10.1037/a0014376

(61) Warner, H. L., Mahoney, A., & Krumrei, E. J. (2009). When parents break sacred vows: The role of spiritual appraisals, coping, and struggles in young adults' adjustment to parental divorce. *Psychology of Religion and Spirituality, 1*(4), 233-248. doi: 10.10371/a0016787

(62) Wood, W., & Neal, D. T. (2007). A new look at habits and the habit-goal interface. *Psychological Review, 114*(4), 843-863. doi: 10.1037/0033-295X.114.4.843

(63) Zhan, Y., Wang, M., Liu, S., Shultz, K. S. (2009). Bridge employment and retirees' health: A longitudinal investigation. *Journal of Occupational Health Psychology, 14*(4), 374-389. doi: 10.1037/a0015285

(64) Zlotnik, A., Gurevich, B., Cherniavsky, E., Tkachov, S., Matuzani-Ruban, A., Leon, A., Shapira, Y., & Teichberg, V. I. (2007). The contribution of the blood glutamate scavenging activity of pyruvate to its neuroprotective properties in a rat model of closed head injury. *Neurochemical Research, 33*(6), 1044-1050. doi: 10.1007/s11064-007-9548-x

索　引

日本語索引

■あ

アイデア	46
アウトライン	14
アステリスク	161
～あたり	52
APA（アメリカ心理学会）	10
――スタイル	10
――マニュアル	12
安定性（尺度の）	57
イークォル・コントリビューション	19
一連の実験	59
一貫した証拠	40
一致	
――する証拠	141
先行研究との――	29, 142
データとよく――	123
一致度（評定者間の）	99
一般英語	2, 4
一般注	160-162
逸話的証拠	44
意味	
――の議論	30
記号の――	162
結果の――	30, 145
因果的な洞察	154
因子	
――の羅列	122
――負荷量	131
プロマックス回転	122
因子分析	85, 122
確証的――	123
インタビュアーの特徴	99
インタビューの目的	99
インフォームドコンセント	73
引用文献	135
――リストの書式	106
ウェブ調査	100
影響	
――する	58
部分的――	145
演繹的な仮説	103
援助（資金的）	19
応用	44
――可能性	50
――領域	35
おおよその割合	111
折れ線グラフ	169

■か

回帰	104
懐疑性	173
回帰分析	127
階層的――	126
階層的重――	126
階層的ロジスティック――	127
単――	125
重――	125, 129
回帰モデル	
階層的――	128
階層的多変量――	126
多変量――	125
カイ二乗	
――検定	114
――検定の結果	115
――分布	32
解釈（結果の）	46, 151
階層的	
――回帰分析	126
――回帰モデル	127
――重回帰分析	126
――多変量回帰モデル	126
――ロジスティック回帰分析	127
回答（質問紙に）	83
回答者	69
回答例	114
概念的なモデル	47
概念の定義	35, 36
概略図	168
カウンターバランス	97
科学英語	2, 5
確証的因子分析	123
学生サンプル	68
学生の参加者	67
確認する	146
経験的に――	30
確率注	160, 162
数	31
――の複数形	32
数多くの点で	150
一元配置の分散分析	104
仮説	
――化	48
――と理由	60
――の検証	60
――の再確認	138
――の支持	141, 156

――の紹介	48	
――を立てる	60	
演繹的な――	103	
帰無――	32	
先行研究の――	48	
対立――	32	
課題	28, 43, 60, 61	
――の選定理由	61	
――の内容	37, 79, 80	
学会発表	21	
カッパ係数	99	
仮定	48, 55	
――の問題	55	
基本的な――	49	
可能性		
――の提案	156	
――の排除	138	
応用――	50	
可能な説明	46, 146	
画面解像度	77	
代わりの説明	147	
喚起	153	
関係		
変数とその――	28	
変数間の――	57, 58	
変数間の対応――	113	
頑健		
――性の検証	153	
測度の――さ	89	
観察	82	
観察者	98	
関して	56	
感謝	20	
コメントへの――	21	
患者	52	
――の評価	38	
関心	59	
間接的効果	124	
関与する	51	
関連	27	
――がある	39	
有意な――	117	
キー押し	92	
記号	162	

――の意味	162	
帰される	148	
技術的な支援	20, 21	
記述統計	103, 131	
基準の達成	94	
機序	36	
規則的な呈示	95	
基本的な仮定	49	
帰無仮説	32	
疑問に答える	57	
疑問符	11	
脚注	159	
逆転（尺度の）	162	
逆転項目	86	
キャプション	166	
Q統計量	105, 130	
教育歴	66	
公的な――	70	
参加者の――	70	
強化スケジュール	101	
行間	11	
教示		
――する	92	
――の操作	80	
――の呈示法	81	
――の内容	80	
強調する	47	
共同研究者	42	
共変量	66	
許容度	125	
協力（個人的）	19	
ギリシャ文字	32, 162	
記録する	82	
キーワード	27, 133	
偶然	148	
グラフ（折れ線）	169	
繰り返す（手続きを）	94	
グループ（年齢の）	52	
グループ分け（参加者の）	74	
群		
実験――	102	
統制――	91	
――間差	103, 121, 148	
訓練ブロック	95	

訓練を受ける	102	
計画の理論的根拠	62	
経験的		
――な研究	16	
――な支持	46, 143	
――に確認	30	
傾向がある	42	
警告（問題点の）	151	
計算（反応数の）	112	
係数		
カッパ――	99	
積率相関――	32, 104	
内的整合性――	32	
系統的に	34	
ケージ	75	
結果	28, 134	
――が異なる	140	
――が主張すること	146	
――の意味	30, 145	
――の解釈	46, 151	
――を総合して	146	
――が例証する	145	
――変数	38	
――としてもたらす	27	
カイ二乗検定の――	115	
研究の――	35, 139	
複数研究の――	29	
分散分析の――	119	
予測される――	61	
欠損（データの）	103	
欠損値	161	
決定する	56	
結論		
――する	42, 46	
――として	156	
知見についての――	155	
原因	148	
限界	44, 151	
研究		
――がない	52	
――が不十分	155	
――協力	19, 20	
――結果	35, 139	
――上の問題	49, 153	

──内容の説明	94	二項──	116	──ディスプレイ	78
──の実施者	92	有意差──	131	ラップトップ──	77
──の実証	145	比較──	121	コンマ	11
──の促進	47	──力分析	130		
──の限界	151, 152	厳密な検証	154	■ さ	
──の短所，長所	152	語彙	164	最近の研究	44
──の長さ	97	効果	28, 38	再現	153
──の背景	34	間接的──	124	先行研究の──	143
──の目的	56-59, 137	主──	119, 120	最初の研究	151
──の問題点	151	図から示される──	132	材料	77
──の累積	40	総合的──	124	さらなる研究	56
──の例	41	直接的──	124	参加者	28
──費による支援	20	天井──	148	──間要因	118, 119
──文献	43	効果的	29	──数	111
──補助者	72	効果量	105, 130	──内要因	118, 119
経験的な──	16	貢献	150	──の教育歴	70
古典的な──	44	──度順	12	──の拒否率	73
最近の──	44	交互作用	119	──のグループ分け	74
最初の──	151	有意な──	120	──の資格要件	73
さらなる──	56	構造方程式モデリング	123, 124	──の試行数	95
質的──	34	公的な教育歴	70	──の収入	70
将来の──	153	行動傾向	42	──の除外	72
事例──	44	後方支援	20	──の人口統計学的情報の収集	71
多数の──	43	項目		──の人口統計学的特徴	69
予備的──	98	──の複合	86	──の人種	71
原稿		テスト──	78	──の動向	110
──の構成	11	逆転──	86	──の匿名性	74
──へのコメント	19	公有化	173	──の流れ	109
言語刺激	78	考慮	151	──の年齢	69
言語的な報告	82	コーエンの d	130	──の排除	91
検査	37	ごく最近	43	──の反応の割合	111
心理──	82-89, 162	個人的協力	19	──の分類	94
知能──	84	古典的な研究	44	──の募集方法	72
検索	157	異なる母集団	40	──のマッチング	91
文献──	104	言葉遣い（実際の）	87	──のランダム配置	91
現時点まで	52	誤反応試行	113	──への報酬	72
検証		コメント		学生の──	67
仮説の──	60	──への感謝	21	社会人の──	69
厳密な──	154	原稿への──	19	治療を受けている──	75
現象の名前	35	固有値	125	サンプル	55, 100
検定		コロン	11	──のサイズ（数）	32, 68, 161
カイ二乗──	114	混合型の分散分析	118, 119		
──の結果	115	困難さ	52	──の代表性	74
事後比較──	121	コンピュータ	77		
t ──	103, 115				

索引

181

——の男女比	70
——への焦点	56
学生——	68
シェーディング（濃淡）	170
シェフェの多重比較法	121
支援	20
技術的な——	20, 21
研究費による——	20
時間	
刺激の呈示——	79
テストにかかった——	87
識別点	94
資金的援助	19
刺激	78
——操作	28
——の呈示時間	79
——配置	168
言語——	78
視覚——	79
実験——	78
次元	122
試行	95, 96
——後質問紙	86
誤反応——	113
例題——	95
練習——	95
試行数（参加者の）	95
自問自答型の調査票	62
事後テスト	92
事後比較検定	121
自己報告型の測度	83
示唆	30, 35, 44, 45
先行研究による——	40
知見の——	144
字下げ	11
支持	
仮説の——	141, 156
経験的な——	46, 143
先行研究の——	143
部分的な——	142
予測の——	30, 45
シソーラス辞典	9
実験	
——が行われた場所	81

——群	102
——群とマッチ	91
——刺激	78
——条件	80, 98
——条件への配置	91
——装置	76
——的制御	27
——的な操作	138
——的な取り扱い	76
——的にナイーブな	75
——的分析	52
——デザインの選定理由	62
——の目的	58
——パラダイム	36
——パラダイムの内容	37
——ブロック	90, 95
一連の——	59
動物——	75
迷路	101
実際の言葉遣い	87
実施する	42
実証する（される）	41, 145
実線	169
質的研究	34
質問紙	28, 82-84, 98
——で評価	83
——に回答	28, 83
試行後——	86
指標	
適合度——	123, 124
能力の——	81
示す	29, 43, 121, 123, 138, 139
尺度	37, 62, 88
——の逆転	162
——の構成	85
——の出典	83
——の分布	74
N点の——	84
謝辞	18, 19
重回帰分析	125, 129
階層的——	126
従属測度	89
従属変数	38, 126
縦断的データ	154
重要	

——なことに	51
——な知見	51, 139
——な問題	50
——なリスク要因	51
特に——	150
重要性	150
——の強調	146
主効果	119, 120
主成分分析	124
主題	49
主張	48
——する	35, 146
順序	
——のカウンターバランス	97
——の無作為化	96
文献の——	65
ランダムな——	96
条件	
——づけ	101
——の設定	89
実験——	80, 98
——への配置	91
第1 ——	89
ほとんど注目されてこなかった——	150
証拠	35, 45
一貫した——	40
一致する——	141
逸話的——	44
説得力のある——	51
小数点	31
焦点	
——を当てる	55
サンプルへの——	56
理論の——	47
証明（予測の）	141
将来の研究	153
小論	93
除外	
参加者の——	73, 91
外れ値を——	112
所属	18
——機関	11
——の変更	18, 20

序文	33, 140
助力	20
調べる	34, 57, 58, 59, 61, 137
事例研究	44
人口統計学的特徴	161
参加者の——	69
人口統計学的な情報	71
人口統計学的なデータ	130
審査者	15
真の群間差	148
信頼性	57, 66, 88
——のチェック	98
テスト・再テスト——	88
心理学英語	5
心理検査	82, 162
心理的障害	27, 36
図	131, 166
——から示される効果	132
——の書式	167
——の全体的傾向	170
——の題名	166, 168
概略——	168
推定する	84
推論	149
数詞	31
数値データ	52
スタブ見出し	159
制御	
実験的——	27
変数の——	129
要因の——	129
性差	148
成長曲線モデル	129
正の相関	117
積率相関係数	32, 104
セッション	96, 102
——間の間隔	96
連続する——	96
説得力のある証拠	51
説得力のある理由	56
説明	
——の候補	54
可能な——	46, 146
代わりの——	147
研究内容の——	94
対立する——	35
パネルの——	169
複数の——	54, 147
部分的に——	147
理論的な——	147
セミコロン	11
線	
実——	169
点——	169
線形関数	125
先行研究	33, 35, 40, 50
——が全くない	53
——から採用	92
——との一致	29, 142
——との不一致	144
——に基づく	61
——による示唆	40
——の拡張	57, 143
——の仮説	48
——の結果を支持	143
——の再現	143
——の支持	143
——の知見と矛盾	144
——の提案	50
——の矛盾	54, 140
——の問題点	52-54
——の要約	140
——への批判	55
——を模す	60
全体の要約	155
全体として	111
選択肢（リッカート法の）	85
先入的な知識のない観察者	98
専門用語	3, 6, 133, 135
相関	104
変数の——	39
正の（負の）——	117, 128
有意に——	128
相関係数	
積率——	32
ピアソンの積率——	104
総合すると	29, 45
総合的効果	124
操作	
教示の——	80
刺激——	28
実験的な——	138
独立変数の——	89
操作チェック	99, 114
操作的定義	4, 36
総じて	139
装置（実験）	76
争点（理論的）	140
測定	81
——内容	28
同意 - 不同意の——	85
測度	37, 38, 43
——の頑健さ	89
——の修正版	83
——の妥当性	88
——の得点	42
——の標準化	85
自己報告型の——	83
従属——	89
組織	19
ソフトウェア	77
統計——	105

■た

第1条件	89
対応のある t 検定	115
大学	19
対照的	43, 53
題名	11, 132
図の——	156, 166, 168
表の——	159, 161
対立仮説	32
対立する説明	35
ダガー	161
多数の研究	43
縦軸	169
妥当である	149
妥当性	66
測度の——	83, 88
ダブルスペース	11
多変量回帰モデル	125

多変量分散分析　119
単位　31, 162
単位得点と引き換え　67
段階　47
単回帰分析　125
単純主効果　122

チェック
　信頼性の——　98
　操作——　99, 114
知見　138
　——が得られなかった理由　149
　——についての結論　155
　——の示唆　144
　——の要約　139
　——の理由　148
　重要な——　139
　先行研究の——と矛盾　144
　追加的な——　43
　矛盾する（した）——　43, 51, 141
知能検査　84
チャンスレベル　116
注
　一般——　160-162
　確率——　160, 162
　脚——　159
　著者——　12, 18
　特定——　160, 162
　表——　159
注射　79
抽出　55
　——枠　72
　無作為標本の——　72
注目する　50
調査　34
　追跡——　54
　ウェブ——　100
調査票
　——の配布　87
　——の配布と回収　62
　自問自答型の——　62
直接的効果　124
著者　11

——注　11, 12, 18
——の所属　19
治療を受けている参加者　75
追加的な知見　43
追試　66
　——の正当化　152
　——の必要性　153
追跡調査　54
提案　47
　先行研究の——　50
　可能性の——　156
t 検定　103, 115
　対応のある——　115
定義　4
　概念の——　35, 36
　操作的——　4, 36
呈示
　規則的な——　95
　教示の——法　81
　刺激の——時間　79
　ランダムな——　95
程度（内的整合性の）　88
定比率　101
ディブリーフィング　94
適合度　162
　——指標　123, 124
　モデルへの——　123
テキスト分析　93
デザイン
　実験——（の選定理由）　62
　2 要因——　90
　ブロック——　90
テスト項目　78
テスト・再テスト信頼性　88
テスト
　——にかかった時間　87
　事後——　92
テストバッテリー　87
データ
　——とよく一致　123
　——の記述　113
　——の欠損　103
　——の範囲　52

——の分割　112
縦断的——　154
人口統計学的な——　130
数値——　52
データベース登録　157
手続きを繰り返す　94
徹底的例文参照法　6
テューキーの多重比較検定　121
電子的検索　6
電子データベース　104
天井効果　148
点線　169
問い合わせ先　22
同意を得る　73
同意 - 不同意の測定　85
統計ソフトウェア　105
統計量　32, 105
洞察（因果的な）　154
等式　49
統制ブロック　90
動物実験　75
動物の倫理的取り扱い　76
投与量　102
特徴の要約　130
特定注　160, 162
得点　93
　——化　82
　——の範囲　42
　測度の——　42
特に重要　150
独立変数　38
　——の操作　89
特記事項　18, 19
取り組むべき問題　153
トレランス統計量　125

■ な

内的整合性　57, 84, 88
　——係数　32
　——の程度　88
内容の再確認　138
内容分析　93

2群の区別	111
2元配置の分散分析	118
二項検定	116
2要因デザイン	90
2要因の分散分析	119, 120
ネイティブチェック	171
年俸	70
年齢	31
──のグループ	52
参加者の──	69
濃淡	170
能力の指標	81
社会人の参加者	69
述べる	48
ノンパラメトリック法	116
媒介分析	127

■ は

排除	
可能性の──	138
配置	
参加者のランダム──	91
刺激──	168
実験条件への──	91
博士論文	19, 21
場所（実験が行われた）	81
外れ値	112
発生率	52
パネル	168
──の説明	169
パラダイム（実験）	36, 37
範囲	52
得点の──	42
反対に	54
反応	37, 81
──数の計算	112
──の平均	112
──の割合（参加者の）	111
凡例	166, 169
ピアソンの積率相関係数	104
ひげ	170

被験者→参加者	
被験体	75
──の参加期間	97
左揃え	11
ビデオカメラ	82
批判（先行研究への）	55
表	130, 159
──注	159
──の題名	159, 161
評価	28, 37, 82, 87
──アプローチ	38
患者の──	38
予測の──	62
質問紙で──	83
標準偏差	32, 113, 131
剽窃	7
──の回避	8
評定者間の一致度	99
p 値	162, 170
評論	45
ピリオド	11
頻度	84
不一致	142
先行研究との──	144
フォント	10, 48, 134
不可欠	54
複数	
──過程モデル	47
──研究の結果	29
──研究論文	24
──の（研究）目的	57
──の説明	54, 147
含む	41
符号化	98
負の相関	128
部分的	
──影響	145
──な支持	142
──に説明	147
フロー（参加者の）	109
プログラム	77
ブロック	
統制──	90
訓練──	95

実験──	90, 95
──デザイン	90
プロマックス回転因子	122
分割（データの）	112
文献	45, 53
──引用の書式	63
──検索	104
──情報の書式	106
──の弱点	55
──の順序	65
──評論	16
研究──	43
引用──	135
──リストの書式	106
分散	125
分散分析	104, 118
──の結果	119
一元配置の──	104
繰り返しのある──	117
混合型の──	118, 119
3元配置の──	119
多変量──	119
2元配置──	118
2要因の──	120
分数	31
分類	74
──できない	161
参加者の──	94
平均	113, 131
──±標準誤差	170
──する	112
反応の──	112
ページ番号	11
変数	
──間の関係	28, 57, 58
──間の対応関係	113
──の制御	129
──の相関	39
結果──	38
従属──	38, 126
独立──	38
偏相関	128
棒グラフ	170

索引

185

報告	41, 42, 44	N 過程——	47	要約	12, 26, 133, 157
報酬（参加者への）	72	階層的回帰——	127	——の内容	16
母集団		階層的多変量回帰——	126	先行研究の——	140
——を代表する	74	概念的な——	47	知見の——	139
異なる——	40	成長曲線——	129	特徴の——	130
ほとんど知られていない	53	多変量回帰——	125	全体の——	155
ほとんど注目されてこなかった条件	150	複数過程——	47	横軸	169
ボンフェローニの一対比較法	121	問題		予想に反する	142
		——の提起	51	予測	49, 142
		仮定の——	55	——される結果	61
■ま		研究上の——	49, 153	——の支持	30
マッチさせる	99	重要な——	50	——の証明	141
実験群と——させる	91	取り組むべき——	153	——の評価	62
マッチング（参加者の）	91	問題点		——を支持する	45
		研究の——	151	余白	10
見出し	23, 159	先行研究の——	52	予備的研究	98
スタブ——	159			よりよく理解する	58
		■や			
無作為化（順序の）	96	薬品	79	■ら	
無作為標本	100	薬物の注入	102	ラップトップコンピュータ	77
——の抽出	72	有意	114-117, 119-121	ランダム	
矛盾		——でない	32	——な順序で	96
——した知見	43, 51, 141	——な交互作用	120	——な呈示	95
先行研究の知見と——	144	——な連関	116	ランダム配置（参加者の）	91
先行研究の——	54, 140	——に相関	128	ランニングヘッド	11
		——に高い	115		
迷路実験	76, 101	——に変化	120	理解	99
メカニズム	41, 49	有意差	114, 115, 120, 121	——への第一歩	156
メタ分析	16, 104, 105, 130	——傾向（$p < .01$）	117	——を深める	154
目的	27, 56, 57, 58	——検定	131	よりよく——する	58
——と理由	58	——の有無	116	リッカート法	84
——を知らされない観察者	98	有意水準	116, 162	——の選択肢	85
インタビューの——	99	有効面積	77	立証	41
研究の——	137			略語	162
実験の——	58	要因		理由	
複数の（研究）——	57	——の制御	129	仮説と——	60
目録	82, 84	参加者間——	118, 119	課題の選定	61
もっともらしい理由	148	参加者内——	118, 119	実験デザインの選定	62
モデル	49	重要なリスク——	51	説得力のある——	56
——の紹介	47	2——		知見が得られなかった——	149
——への適合度	123	——デザイン	90	知見の——	148
		——の分散分析	120	目的と——	58
		用紙の大きさ	10	もっともらしい——	148

理論	46
──的争点	140
──的な説明	147
──の焦点	47
──論文	16
倫理委員会	100
倫理的取り扱い（動物の）	76
類義語辞典	9
例	

回答──	114
研究の──	41
例証	40, 44
結果の──	145
限界の──	44
例題試行	95
列見出し	159
レベルの変化	28
練習試行	95
連続するセッション	96
連絡先	18, 19, 22

録音，録画	82
論文のタイプ	16

■ わ

割合	
おおよその──	111
参加者の反応の──	111
女性・男性の──	70

英語索引

■ A

ability to	81
abscissa	169
abstract	12, 26
according to	147
account	
── for	124, 125
theoretical ──	147
accumulate	40
across	
be counterbalanced ── ~	97
vary ── studies	140
── the groups	113
adapt	
be ──ed by ~	83
address	57
systematically ──	34
administer	42
be ──ed to ~	82
adopt	
be ──ed from ~	92
advance	150
affect	58
agreement	
inter[-]rater ──	99
aim at ── ing	58
align left	11
American Psychological Association	10

analysis	
experimental ──	52
── of variance	104
analyze	93
anecdotal evidence	44
ANOVA	
mixed (-mode)- ──	118, 119
one-way ──	104
appear	
it ──s that ~	155
application	44, 50
approve	
be ──d by ~	100
argue	35, 146
arrangement	
stimulus ──	168
ask	
── ~ to ~	79
be ──ed to	80
── to ~	42
assess	28, 37, 38, 62, 83, 87
be ──ed using ~	83
assessment	
── approach	38
assign	
be ──ed to ~	91
be randomly ──ed to	91
assistance	
logistical ──	20
technical ──	20, 21
assistant	

research ──	72
associate	
be ──d with ~	27
association	
── between ~ and ~	39
significant ──	117
assumption	55
basic ──	48
at	
be now [currently] ── ~	20
attribute	
be ──d to ~	148
author note	18

■ B

basis	
on the ── of ~	61, 149
between	
── ~ factor	118
binomial test	116
blind[ed] observer	98
block	
control ──	90
experimental ──	90, 95
training ──	95
body	
a growing ── of ~	35
Bonferroni correction	121
broken	

be —— down into	112
but not for	43

■ C

call	
be ——ed ~	35
care and experimental	
treatment of ~	76
categorize	74
causal insight	154
caveat	151
ceiling effect	148
chance	
by ——	148
—— level	116
characterize	
be ——d by ~	36
chi-square	
—— analysis	115
—— test	114
choice	
a —— of ~ over ~	5
choose ~ over ~	5
clarify	56
classification	
prevent ——	161
close	
in ——ing	155
Cohen's d	130
comment	
helpful ——	21
communalism	173
comparable	91
complete	83, 93
compute	
be ——d by ~	112
computer	77, 78
conclude	42, 46
conclusion	
in ——	156
condition	
in the first ——	89
experimental ——	98
——ing	101

——s that have received	
very little attention	150
conduct	
be ——ed by ~	92
—— N experiments	58
confidential	
be ——	74
confirm	146
empirically ——	30
confirmatory factor analysis	123
consent	73
consideration	
require ——	151
consist	
sample ——ed of ~	70
——ed of ~	68, 78
consistent	
—— evidence	40
be —— with ~	142
—— with	29
contact	
be ——ed by ~	72
contradict	144
contrary	
be —— to ~	142
contrast	
by ——	53
in ——	43
in —— with ~	54
—— with those of ~	144
contribute to ~	150
contributor	
possible —— to ~	148
control	
be ——ed by ~	89
—— block	90
——ing for ~	129
convincing evidence	51
correlate	
be ——d	39
be significantly ——d	128
correlation	
partial ——	128
correspondence	22

—— between ~ and ~	113
corroboration	
offer further —— of ~	143
counterbalance	97
be ——d across ~	97
covariate	66
credit	
research participation ——	68
cut-off scores for ~	94

■ D

data	
longitudinal ——	154
missing ——	103, 161
fit the —— well	123
debrief	94
define	4
be operationally ——d as ~	5
be ——d as ~	4
demographic	71, 130
—— characteristic	161
demonstrate	40, 145, 155
department	19
dependent	
—— measure	89
—— variable	126
depict	
as ——ed in	132
descriptive statistics	103, 131
determine	56
develop	47
difference	
genuine group ——	148
sex ——	148
significant ——	114, 116, 120
——s between groups	104
difficulty	52
dimension	122
direct effect	124
display	131
dissolved in ~	79
distinguish ~ from ~	111

distribute
    be ——d to ～　　　　　87
distribution on the ～ scale　74
doctoral thesis　　　　　　21
document
    be ——ed ～　　　　　40
dose
    a —— of　　　　　　102
drawn from ～　　　　　　55

■ E

education
    formal ——　　　　　　70
effect
    ceiling ——　　　　　148
    direct ——　　　　　124
    indirect ——　　　　　124
    main ——　　　　　　119
    total ——　　　　　　124
    —— of ～ on ～　　27, 38
    —— on ～　　　　　　28
    —— scores for ～　　　105
    —— size　　　　105, 130
effective　　　　　　　　　29
    —— display area　　　　77
effectiveness of ～　　　　114
eigenvalue　　　　　　　124
electronic database　　　　104
eligibility requirement　　　73
eliminate　　　　　　　　91
emerge　　　　　　　　　54
emphasis
    places a (special) —— on ～
　　　　　　　　　　　　　47
empirical
    —— support　　　46, 143
    provide —— support for ～
　　　　　　　　　　　　156
empirically confirm　　　　30
equation　　　　　　　　49
especially important　　　150
essay　　　　　　　　　　93
essential　　　　　　　　54
establish

be well ——ed　　　　　　41
estimate　　　　　　　　52
ethnic origin　　　　　　　71
evidence　　　　　　35, 45
    anecdotal ——　　　　　44
    consistent ——　　　　40
    convincing ——　　　　51
    provide —— consistent with
    ～　　　　　　　　　141
examination
    closer ——　　　　　155
examine　　　　　　29, 34
    the first to ——　　　　151
    —— whether ～　　　137
example trial　　　　　　95
examples included　　　114
exchange
    in —— for ～　　　　　68
exclude
    be ——d from ～　　73, 112
expand our understanding of
    ～　　　　　　　　　154
expect
    be ——ed to ～　　　　61
experimental
    —— analysis　　　　　52
    —— block　　　　90, 95
    —— condition　　　　　98
    —— group　　　　　　102
    —— stimuli　　　　　　78
    care and —— treatment of
    ～　　　　　　　　　　76
experimentally naïve　　　75
experiment
    conduct N ——s　　　　58
    present series of ——s　　59
explain
    be ——ed in part by ～　147
explanation　　　　　　149
    alternative ——　　　147
    opposing ——　　　　35
    possible ——　　54, 46, 146
    —— for ～　　　　　　35
explore　　　　　　34, 61
extend　　　　　　　　143

—— previous research　57
extent to ～　　　　　　　85

■ F

facilitate research　　　　　47
factor
    between ～ ——　　　118
    significant risk ——　　51
    within ～ ——　　　　118
    confirmatory —— analysis
　　　　　　　　　　　　122
    —— analysis　　　85, 122
    principal[-]components ——
        analysis　　　　　124
    —— loading　　　　　131
figure　　　　　131, 132, 166
finding　　　　　　　　139
    key ——　　　　　　139
    marginal ——　　　　117
    inconsistent ——　　　141
    main ——　　　　　　138
first
    —— stage of ～　　　101
    —— step in understanding
　　　　　　　　　　　　156
    the —— to examine ～　151
fit
    better ——　　　　　162
    —— index　　　　　124
    —— the data well　　　123
fixed ratio　　　　　　　101
focus on ～　　　　　47, 55
follow
    —— up ～　　　　　　54
    be as ——s　　　　　111
footnote　　　　　　　　159
form
    be ——ed by combining ～
　　　　　　　　　　　　　86
free
    be —— to ～　　　　101

■ G

gain an understanding of ～ ――	
	99
generally	139
goal	56
grant	20
group	69, 91, 117, 121, 168
be in the ～ ――	110
genuine ―― difference	148
across the ――s	113
differences between ――s	
	104
experimental ――	102

■ H

heading	23
help with ～	20
hierarchical	
―― logistic regression analysis	127
―― regression analysis	
	126
hypothesis	
a priori ――	103
provide support for ――	156
support this ――	138
support was found for the ――	
	141
test the ――	60, 138
―― states ～	48
hypothesize	60
be ――d to ～	48

■ I

illustrate	44, 145
implications of these findings	
for ～	30
imply	145
importance	
underline the ―― of ～	146
important	139, 143, 155, 156
especially important	150

importantly	51
include	71, 87, 152
examples ――	114
indicate	121, 123, 162
indirect effect	124
influence	58
be partially ――d by ～	145
inject	79
inspection of ～	132
instruct	138
be ――ed to ～	92
instruction	
following ――	80
task ――	81
significant ――	120
interaction	119
interest	
of primary ――	59
internal consistency	57, 84, 88
interpret	
be ――ed as ～	46
―― the result	151
intervene between ～	96
interview	99
inventory	82, 84
investigate	27, 59
investigation	
previous ――	55
involve ～	41
issue	
theoretical ――	140
raise the ―― of ～	51
significant ～ ――s in ～	50
item	
combine ――	86
N-―― measure	82
N-―― scale	62
N-―― version of ～	84
test ――	78

■ K

key finding	139

■ L

laboratory paradigm	36
lack	9, 52
laptop computer	77
lead to ～	49
left panel	169
Likert-type scale	85
limit	
be ――ed to ～	153
limitation	151
despite these ――s	152
―― of ～	44
line	
dashed ――	169
solid ――	169
linear function	125
literature	43, 141, 150
―― on ～	45, 53, 55
little is known about	54
logistical assistance	20
longer than ～	112
longitudinal data	154

■ M

$M \pm SE$	170
main	
―― effect	119
―― findings	138
―― purpose	137
make	
―― ～ responses	37
―― errors	113
manipulate	
be ――d by ～	89, 138
manipulation	114
marginal finding	117
match	
be ――ed on ～	91
be ――ed with ～ on	99
material	77
maze	76, 101
mean	
―― level of ～	113

―― number of ～ 113, 120
means 131
measure 37, 43, 88
 self-report ―― 82
 ―― ～ in ～ ways 82
 be ――d as ～ 81
 dependent ―― 89
mechanism 36, 41
 possible ―― 49
mediate 127
 ―― the relation between ～ and ～ 128
 be partially ――d by ～ 124
mediation analysis 127
methodology 154
missing data 103, 161
model 48, 49
 conceptual ―― 47
 N-process ―― 47
 be ――ed from ～ 60
 growth curve ――ing 129
multivariate analysis of variance (MANOVA) 119

■ N

naïve
 experimentally ―― 75
 observer ―― to ～ 98
negatively
 be ―― related 128
nonparametric procedures 116
nonsignificant trend 117
note 50
 author ―― 18
 as ――d 140
 general ―― 160
 probability ―― 160
 specific ―― 160
ns 170
number 31
 mean ―― of ～ 113
 ―― of responses 112
numeral 31

■ O

observer
 blind[ed] ―― 98
 ―― naïve to 98
on the one hand 51
on the other hand 51
operationalized
 be ―― as ～ 36
operationally
 be ―― defined as ～ 5
order
 in random ―― 96
 randomized for ―― 96
 ――ed presentation 95
ordinate 169
origin 40
 ethnic ―― 71
 racial ―― 71
outcome 38
outlier 112
overall 111

■ P

pairwise comparisons 121
panel 168
 right ――, left ―― 169
paper-and-pencil 92
paradigm 37
 laboratory ―― 36
part
 be explained in ―― by ～ 147
partial correlation 128
partially
 be ―― influenced by ～ 145
 be ―― mediated by ～ 124
 ―― support ～ 142
participant 68, 69, 71-74, 80
 ―― sample 55
 out of the N ――s 111
 served as ――s 69
 ――s' task 79

patient 38
Pearson product-moment correlation 104
per ～ 52
perform a ～ task 37
phenomenon 35
plagiarism 7
plausible
 more ―― reason for ～ 148
playback 82
plot 131
 scree ―― 124
posit 48
positive relationship 117
possibility
 rule out this ―― 138
 propose the ―― that ～ 156
possible
 ―― contributor to ～ 148
 ―― explanation 46, 54, 146
 ―― mechanism 49
post hoc comparisons 121
prediction 45, 142
 assess the ―― 62
 lead to the ―― 49
predictor of ～ 142
present 138, 139, 143, 149, 150
 be ――d at the ～ 21
 be ――d for ～ 79
 be ――d in ～ 75, 76
 be ――d on ～ 78
 ―― series of experiments 59
presentation
 ordered ―― 95
 random ―― 95
press the ～ key 92
prevent classification 161
previous
 ―― investigation 55
 extend ―― research 57
 ―― studies 29, 88
principal[-]components factor analysis 124
prior

索　　引　　　　　　　　　　　　　　　　　　　　　　191

―― research 40
―― work 50
probability
    random ―― sample 72
problem
    the ―― with ~ 55
produce 122
    ―― an estimate of ~ 84
program
    be ――med and run with ~ 77
Promax-rotated factors 122
prompted by ~ 153
propose 46, 50
    ―― the possibility that ~ 156
provide
    ―― empirical support for ~ 156
    ―― support 45
    ―― evidence consistent with ~ 141
    ―― a stringent test of ~ 154
PsycINFO 157
purpose 56, 57
    main ―― 137
    scoring ―― 82

■ Q

Q statistic 105, 130
qualitative research 34
question 49, 57
    a general ―― 153
    ―― worthy of future research 153
questionnaire 98
    background ―― 71
    complete ~ ――(s) 28, 83
    post-trial ―― 86

■ R

racial origin 71

raise the issue of ~ 51
random
    in ―― order 96
    ―― presentation 95
    ―― probability sample 72
    ―― sample 100
randomize
    be ――d 96
    ――d for order 96
randomly
    be ―― assigned to 91
range
    score ―― 42
    ―― from ~ to ~ 52
    ――ing from ~ to ~ 62
rationale behind ~ 62
reason
    compelling ―― 56
    for N ―― 149
    more plausible ―― for ~ 148
reasonable 149
recent study 44
recently 47
    more ―― 43
recruit
    be ――ed from ~ 72
refer to 36
refusal rate of ~ 73
regression
    hierarchical logistic ―― analysis 127
    hierarchical ―― analysis 126
    ―― analysis 127
    ―― model 127
relate
    be negatively ――d 128
    be ――d to ~ 57
relation
    mediate the ―― between ~ and ~ 128
relationship
    positive ―― 117
    ―― between ~ and ~ 28, 58, 128
reliability 66, 88
    ―― check 98
repeat
    be ――ed until ~ 94
replicate 143
    be ――d with ~ 153
replication 66, 152
report
    be ――ed 39, 41, 42, 44
represent 49
representative of ~ 74
request
    be ――ed to ~ 98
require consideration 151
requirement
    eligibility ―― 73
research 154
    additional ―― 56
    applied ―― 35
    extend previous ―― 57
    facilitate ―― 47
    no ―― 53
    prior ―― 40
    qualitative ―― 34
    ―― assistant 72
    ―― participation credit 68
researcher 55
    future ―― 153
respondent 69
result 30, 54, 109, 141-143, 145-147, 150-151, 153
    ――ing in ~ 27
reveal 29
reverse
    be ―― coded 86
    be ――d 162
review 45, 155
robust 89, 153
role
    play a ―― in ~ 51
run
    ―― on 77
    be programmed and ―― with ~ 77

■ S

salary		
annual ——		70
sample		
random probability ——		72
random ——		100
student ——		68
—— consisted of ～		70
participant ——		55
——ing frame		72
scale	37, 88, 162	
N-item ——		62
Likert-type ——		85
N-point ——		84
Scheffé comparisons		121
schematic		168
score	93, 112, 114, 120, 128	
—— range		42
screen resolution		77
SD	69, 70, 113	
search		
be ——ed through ～		104
select		
be ——ed to ～		61
self-administered survey		62
self-report measure		82
session	96, 101, 102	
successive ——s		96
show	29, 43, 121, 138, 139	
significance test		131
significant		
—— ～ issue in ～		50
—— association		116
—— difference	114, 116, 120	
—— interaction		120
—— risk factor		51
—— weakness		55
significantly		
vary ——		120
be —— correlated		128
—— higher levels of ～		116
be —— higher than ～		115
simple main effect		121
skepticism		173
span		
over a —— of ～		97
specific note		160
speculate		149
stability		57
stage		47
standard deviation		131
standardize		
be ——		85
start		
at the —— of ～		80
statement		48
stimulus		
experimental ——		78
—— arrangement		168
strength		152
stub head		159
student sample		68
study	34, 40, 45, 56-58, 60-61, 137-138, 145, 149, 150, 152, 156	
numerous ——ies		43
previous ——ies		29, 88
case ——		44
classic ——		44
in one ——		41
recent ——		38, 44
vary across ——ies		140
suggest	30, 35, 40, 44, 45, 144	
summarize		130
support		
be ——ed by ～		20
empirical ——		46, 143
partially —— ～		142
provide —— for ～		45, 156
—— was found for the hypothesis		141
survey		
web-based ——		100
self-administered ——		62
systematically address		34

■ T

t-test		103, 115
paired ——		115
take		
—— approximately N hr		87
—— place in ～		81
——n together		29, 45
tape		82
task	28, 37, 43, 60, 61	
participants'——		79
perform ——		37
—— instruction		81
technical assistance		20, 21
tend to ～		42
test		82
post- ——		92
—— battery		87
—— item		78
—— the hypothesis		60
—— -retest reliability		88
thank		
special ——s ～		20
theoretical		
—— account		147
—— issue		140
theory		46
thesaurus		9
to date		52, 54
tolerance		125
topic		
understudied ——		155
total effect		124
training		
—— block		95
—— with ～		102
treat		
be ——ed for		75
trial		95, 96
example ——		95
practice ——		95
post- —— questionnaire		86
Tukey's test		121

■ U

underline the importance of ～	146

understand	58
understanding	
better ——	58
first step in ——	156
gain an —— of ~	99
expand our —— of ~	154
toward an —— of ~	156
university	19, 67, 68
until	
be repeated —— ~	94

V

validate	
well- ——d	82
validity	66, 88
variable	125
dependent ——	126
variance	124, 125
vary	
—— across studies	140
—— significantly	120
—— the level of ~	28
version	105
modified —— of ~	83
video camera	82
volume	
at a —— of ~	79
a —— of ~	102

W

way	
in a number of ——s	150
weakness	
significant ——	55
web-based survey	100
with respect to ~	56
work	
prior ——	50

著者略歴

高橋雅治（たかはし まさはる）
1986年 北海道大学大学院心理学専攻博士後期課程単位取得退学．
現　在　旭川医科大学医学部教授（文学博士）．専門は学習心理学・認知神経科学．

デイビッド・W・シュワーブ（David W. Shwalb）
1985年 ミシガン大学発達心理学博士課程修了．
現　在　Southern Utah University 教授（Ph.D）．専門は発達心理学・異文化間比較心理学．

バーバラ・J・シュワーブ（Barbara J. Shwalb）
1986年 ミシガン大学心理学および教育学博士課程修了．
現　在　Southern Utah University 講師（Ph.D）．専門は発達心理学・異文化間比較心理学．

心理学のための
英語論文の基本表現　　　　　定価はカバーに表示

2013年11月10日　初版第1刷
2020年 3月25日　　　第4刷

著　者　高　橋　雅　治
　　　　デイビッド・W・シュワーブ
　　　　バーバラ・J・シュワーブ
発行者　朝　倉　誠　造
発行所　株式会社　朝　倉　書　店
　　　　東京都新宿区新小川町6-29
　　　　郵便番号　162-8707
　　　　電話　03（3260）0141
　　　　FAX　03（3260）0180
　　　　http://www.asakura.co.jp

〈検印省略〉

© 2013〈無断複写・転載を禁ず〉　　　教文堂・渡辺製本

ISBN 978-4-254-52018-7　C 3011　　Printed in Japan

JCOPY 〈出版者著作権管理機構　委託出版物〉

本書の無断複写は著作権法上での例外を除き禁じられています．複写される場合は，そのつど事前に，出版者著作権管理機構（電話 03-5244-5088, FAX 03-5244-5089, e-mail: info@jcopy.or.jp）の許諾を得てください．

好評の事典・辞典・ハンドブック

脳科学大事典 　甘利俊一ほか 編　Ｂ５判 1032頁

視覚情報処理ハンドブック 　日本視覚学会 編　Ｂ５判 676頁

形の科学百科事典 　形の科学会 編　Ｂ５判 916頁

紙の文化事典 　尾鍋史彦ほか 編　Ａ５判 592頁

科学大博物館 　橋本毅彦ほか 監訳　Ａ５判 852頁

人間の許容限界事典 　山崎昌廣ほか 編　Ｂ５判 1032頁

法則の辞典 　山崎 昶 編著　Ａ５判 504頁

オックスフォード科学辞典 　山崎 昶 訳　Ｂ５判 936頁

カラー図説 理科の辞典 　山崎 昶 編訳　Ａ４変判 260頁

デザイン事典 　日本デザイン学会 編　Ｂ５判 756頁

文化財科学の事典 　馬淵久夫ほか 編　Ａ５判 536頁

感情と思考の科学事典 　北村英哉ほか 編　Ａ５判 484頁

祭り・芸能・行事大辞典 　小島美子ほか 監修　Ｂ５判 2228頁

言語の事典 　中島平三 編　Ｂ５判 760頁

王朝文化辞典 　山口明穂ほか 編　Ｂ５判 616頁

計量国語学事典 　計量国語学会 編　Ａ５判 448頁

現代心理学［理論］事典 　中島義明 編　Ａ５判 836頁

心理学総合事典 　佐藤達也ほか 編　Ｂ５判 792頁

郷土史大辞典 　歴史学会 編　Ｂ５判 1972頁

日本古代史事典 　阿部 猛 編　Ａ５判 768頁

日本中世史事典 　阿部 猛ほか 編　Ａ５判 920頁

価格・概要等は小社ホームページをご覧ください．